JOURNAL DE GUERRE ÉCOLOGIQUE

Hugo Clément

Journal de guerre écologique

Fayard

ISBN : 978-2-213-71703-6
Dépôt légal : octobre 2020

Cartographie : Philippe Paraire
© Librairie Arthème Fayard, 2020.

À Alexandra, Ava et Jim.

Une nouvelle guerre mondiale

Je la tiens dans mes bras, mon regard planté dans le sien. Me voit-elle déjà ? Nous sommes le vendredi 3 janvier 2020. Jim est née à 14 h 24. Sa vie commence dans l'amour, le confort et la sécurité qu'offre la vie moderne dans un pays riche. La sage-femme enveloppe ma fille dans un linge, puis nous rejoignons Alexandra en salle d'accouchement. Le bonheur dissipe les inquiétudes et terrasse la peur. Pourtant, la génération de Jim va vivre un basculement. Toutes les projections scientifiques l'indiquent. Le monde tel que nous le connaissons n'existera plus au crépuscule de sa vie, quand elle aura quatre-vingts ans, en 2100.

Si nous continuons sur notre lancée sans activer le freinage d'urgence, Jim quittera un monde sans glaciers de montagne, sans forêts primaires, sans corail, sans rhinocéros. Elle laissera derrière elle des océans morts, dévastés par des décennies d'exploitation déraisonnée ; un climat hostile, source de mal-être et de violents conflits ; une planète vidée de sa biodiversité,

JOURNAL DE GUERRE ÉCOLOGIQUE

pliant l'échine sous le poids des hommes, espèce à la fois toute-puissante et si fragile.

Je ne prophétise pas l'effondrement, je n'en sais rien. En revanche, c'est une certitude : la Terre ne sera plus aussi accueillante qu'aujourd'hui où, malgré le passage à tabac constant que nous lui infligeons, elle tient bon. Elle nous offre encore un climat supportable sous nos latitudes. Elle nous fournit toujours de l'eau potable et d'autres ressources en quantité suffisante. Elle continue à libérer l'oxygène nécessaire à nos vies. Mais pour combien de temps ?

Nous savons désormais que l'Humanité fait face au plus grand défi de son histoire. Nous savons que les écosystèmes dont nous dépendons pour survivre menacent de s'écrouler. Nous savons que le rythme effréné avec lequel nous exploitons les ressources de la planète n'est pas tenable. Nous savons qu'un monde de souffrance et de désolation s'ouvre à nous si nous ne changeons rien. Nous savons qu'un tiers des hommes pourrait vivre d'ici cinquante ans dans des zones aussi chaudes que le Sahara aujourd'hui[1]. Nous savons que la Terre comptera au moins 250 millions de réfugiés climatiques en 2050[2]. Nous savons qu'il y a urgence.

Pour la première fois depuis le début des mesures météorologiques, des chercheurs ont enregistré

---

1. « Future of the human climate niche », Chi Xu, Timothy A. Kohler, Timothy M. Lenton, Jens-Christian Svenning, Marten Scheffer, *PNAS*, mai 2020.
2. Selon l'ONU.

« pendant une heure ou deux » à Jacobabad, au Pakistan, et à Ras al-Khayma, aux Émirats arabes unis, des températures et des taux d'humidité que le corps humain est incapable de supporter et à partir desquels ses organes défaillent[1]. Les rapports scientifiques s'enchaînent et, avec eux, les mauvaises nouvelles. Le doute n'est plus d'actualité. Notre planète se rapproche de points de basculement irréversibles qui menacent l'existence des civilisations humaines, comme la disparition de la forêt amazonienne et des récifs coralliens, ou encore la fonte du permafrost[2], de la banquise arctique, de la calotte glaciaire du Groenland et de l'Antarctique. Si un ou plusieurs de ces « dominos » sont renversés, ils pousseront la Terre vers d'autres points de basculement, entraînant des réactions en chaîne qu'il sera impossible de contrer.

Alors pourquoi concevoir un enfant tandis que l'horizon s'obscurcit ? Parce que je refuse de rendre les armes. Au contraire, j'y vois la raison du combat. C'est pour offrir à Jim et à Ava, sa sœur, ainsi qu'à leurs éventuels descendants, la possibilité du bonheur que je veux me battre.

---

1. « The emergence of heat and humidity too severe for human tolerance », Colin Raymond, Tom Matthews, Radley M. Horton, *Science Advance*, mai 2020.

2. Le permafrost est le sol gelé en permanence sur une épaisseur de quelques mètres à plusieurs centaines de mètres, essentiellement au Canada, en Alaska, dans le nord de l'Europe et en Russie.

JOURNAL DE GUERRE ÉCOLOGIQUE

Le registre de la guerre n'est pas choisi à la légère. Au moment où j'écris ces lignes, nos sociétés modernes sont éprouvées par une crise historique. Le coronavirus, passé de l'animal à l'humain sur un marché de Wuhan, en Chine, paralyse le monde entier. Cette pandémie trouve son origine dans la destruction de la biodiversité et la façon dont nous traitons les autres espèces. Le système qu'on pensait si solide vacille sous nos yeux. Des gens meurent. D'autres perdent leur emploi et voient leurs projets anéantis. Nous devons rester cloîtrés chez nous, cesser pour certains de travailler, ne plus approcher nos aînés. Après deux mois d'arrêt, l'économie menace de s'effondrer. Les États, à grand renfort de milliards d'euros, tentent d'éviter la catastrophe. Ces milliards qui, pourtant, font défaut lorsqu'il s'agit de mettre en place des politiques ambitieuses en matière d'environnement. Ces milliards qui auraient pu être économisés si nous nous étions comportés autrement.

Durant ces journées suspendues de confinement, en observant les animaux qui se sont réapproprié en douceur le terrain que nous avions déserté, en respirant un air débarrassé de sa pollution, on s'est pris à rêver du monde d'après. Un monde qui changerait de direction. Un monde qui laisserait davantage d'espace à la vie sauvage. Un monde où l'humain retrouverait sa juste place dans l'écosystème, assurant sa survie et celle des autres espèces. Un monde où nous reviendrions à la raison.

Malheureusement, l'inverse se dessine. Les industries polluantes s'activent en coulisse pour obtenir la suppression des lois qui protègent l'environnement au nom de la relance économique. Les gouvernements injectent des sommes astronomiques dans les grandes entreprises sans réclamer aucune contrepartie sur le plan des émissions de gaz à effet de serre. Les usines repartent de plus belle. L'élevage intensif et la pêche industrielle s'entêtent dans une logique mortifère. Les objectifs climatiques des États sont remis en cause. Le tableau semble bien noir. Pourtant, il y a de l'espoir.

Cet espoir réside dans l'action. Chaque jour, un nouveau front s'ouvre. Qu'il se situe au coin de la rue ou à l'autre bout de la planète. Partout, des femmes et des hommes ont décidé de se lever pour sauver ce qui peut encore l'être ou pour poser les bases d'un nouveau monde. Qu'ils soient scientifiques, activistes, militaires, ou lanceurs d'alerte, ils mettent toutes leurs forces dans la bataille. Je passe beaucoup de temps sur le terrain en compagnie de ces combattants de l'environnement. Ils sont courageux, mais ont besoin de soutien et de lumière face aux monstres industriels, aux traditions sanglantes et à leurs alliés politiques. Leur victoire sera la nôtre, leur défaite aussi.

La Terre restera-t-elle une planète habitable pour notre espèce ? Tel est l'enjeu de cette nouvelle guerre mondiale dont nous allons, ensemble, parcourir les lignes de front.

1.

LA BOMBE EST LÂCHÉE

Lekok, Indonésie

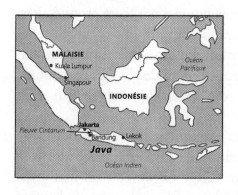

23 juillet 2019, 9 heures. La carte postale aurait pu être parfaite. Il y a tout : les bateaux de pêche colorés, les arbres exotiques, le soleil, la mer, la plage...
Enfin, j'imagine qu'il y a une plage. Car elle a disparu. Le sable est toujours là, mais il faudrait une pelleteuse pour l'apercevoir. J'ai du mal à me rendre compte de la situation. Je ne pensais pas qu'une telle caricature existait. S'il ne fallait sélectionner qu'un seul endroit sur Terre pour prouver que l'Humanité est en train

JOURNAL DE GUERRE ÉCOLOGIQUE

de se tirer une balle dans le pied, je choisirais celui-ci. La plage est entièrement recouverte de déchets. Une couche épaisse de plus d'un mètre qui déborde sur l'océan. Seule l'ondulation produite par l'eau nous indique les zones où les ordures flottent et ne sont plus sur la terre ferme. Quand une vague un peu plus forte que les autres s'écrase sur le rivage, elle propulse sa couche de déchets sur celle de la plage.

Il faut le voir pour le croire. L'odeur est celle d'une décharge. Les pêcheurs vont et viennent jusqu'à leur bateau comme si de rien n'était. Ils s'enfoncent dans la mer d'immondices, de l'eau jusqu'au torse. Le haut de leurs corps émerge des emballages, bouteilles, et autres boîtes de polystyrène. Triste contraste entre ces embarcations chouchoutées par leurs propriétaires, parées de mille décorations, et la mer sur laquelle elles naviguent. Les bateaux appartiennent à quelqu'un, mais l'océan est à tout le monde. Donc à personne. Pourquoi prendre soin de quelque chose qui n'est pas à moi ?

Plusieurs facteurs expliquent le terrible destin de Lekok, petite commune de Java orientale, non loin de Bali. D'abord, le village est devenu un lieu quasi officiel de dépôts d'ordures. Sous mes yeux, en l'espace de cinq minutes, une dizaine d'habitants viennent jeter leurs sacs-poubelle sur la plage. J'interpelle l'un d'entre eux.

« Pourquoi faites-vous cela ?

— Parce qu'on n'a pas le choix. Il n'y a pas de ramassage des ordures ici. Il faudrait aller jusqu'à une grande ville pour déposer les poubelles. C'est ça ou les brûler. »

D'ailleurs, certains mettent le feu à des tas d'immondices, pour tenter de diminuer l'odeur nauséabonde. Une partie des villages ruraux d'Indonésie n'a pas de système officiel de traitement des déchets. Chacun doit se débrouiller. Et ici, la débrouille passe par le dépôt systématique sur la plage.

10 heures. Je remarque plusieurs ruisseaux débouchant sur le rivage. C'est l'autre cause de l'enfer de Lekok. Je n'avais pas vu ces cours d'eau au premier coup d'œil : ils sont entièrement recouverts de morceaux de plastique. Annabelle Boudinot nous accompagne. Cette chercheuse française travaille pour la fondation Race for Water, qui sensibilise à la pollution des océans. « Ces ruisseaux viennent de l'intérieur des terres, explique-t-elle. Avec les rivières et les fleuves, ce sont eux qui amènent le plus de déchets vers la mer. C'est une hémorragie. La marée emportera ce plastique qui commencera son lent processus de dégradation. Les emballages se transformeront en microparticules, puis en nanoparticules et cela va impacter toute la chaîne alimentaire. » Les statistiques disponibles donnent le tournis. Chaque seconde, dans le monde, deux cent cinquante kilos de plastique finissent dans les océans. Le plus grand vortex de déchets, qui flotte entre les États-Unis et le Japon, s'étend sur 1,6 million de kilomètres carrés. Trois fois la France. En 2050, 99 % des animaux marins auront ingéré du plastique selon l'Agence nationale australienne pour la science. L'impact sur les êtres humains est direct. Une étude publiée en 2017 par l'université de Gand, en Belgique, estime que les personnes consommant régulièrement des produits de la mer ingèrent jusqu'à onze mille microparticules de plastique chaque année. Un Français moyen en avalerait cinq grammes chaque semaine, l'équivalent d'une carte de crédit. Bon appétit ! Les conséquences à long terme de cet empoisonnement sont encore inconnues. Et, pour l'instant, rien n'indique un infléchissement de notre comportement. Chaque seconde, l'Humanité produit dix tonnes de plastique. Chaque minute, dix millions de sac en plastique sont consommés. Chaque jour, un milliard de pailles sont jetées, dont neuf millions rien qu'en France. Elles seront enfin interdites dans l'Union européenne à partir du 1er janvier 2021, au même titre que d'autres objet en plastique à usage unique. Une petite victoire.

Mais la bombe est lâchée. Il est trop tard pour la désamorcer. Il faudra se contenter d'observer et d'analyser ses dégâts dans les siècles à venir. Le plastique qui est dans l'océan y restera et continuera à se décomposer trop lentement. En revanche, pour ne pas aggraver la situation et éviter de condamner les écosystèmes marins, nous pouvons tenter de fermer le robinet. Celui-ci envoie aujourd'hui 20 % du plastique produit en Indonésie dans l'océan. Cela fait de l'archipel le deuxième pays du monde qui rejette le plus de déchets dans la mer derrière la Chine.

LA BOMBE EST LÂCHÉE

Le gouvernement indonésien ne parvient pas à gérer les ordures des deux cent soixante-quatre millions d'habitants entassés sur des centaines d'îles exiguës.

J'avais déjà été témoin de cette situation au Bangladesh, l'un des pays les plus pauvres et les plus densément peuplés de la planète. À Dacca, la capitale, seules 45 % des ordures sont collectées, par manque de moyens selon la municipalité. La majorité des quatorze millions d'habitants jette donc ses poubelles dans les cours d'eau de la ville qui se retrouvent bouchés et, souvent, asséchés. Les rivières dans lesquelles la population se baignait il y a encore vingt ans sont désormais des masses inertes de plastique. Cela crée des inondations catastrophiques en période de mousson – l'eau ne s'évacue plus – et l'odeur est insupportable. Dans les quartiers aisés, des bennes sont installées pour permettre aux résidents de déposer leurs déchets, certaines étant ensuite déplacées et déversées dans les quartiers les plus pauvres. J'ai vu des habitants mettre le feu aux tas d'immondices par désespoir, créant des fumées toxiques. De nombreux riverains développent de graves pathologies respiratoires. Au cours de mes reportages, je me suis rendu dans beaucoup de lieux peu recommandables. Mais Dacca est sans doute celui qui se rapproche le plus de l'enfer.

Jakarta, 24 juillet 2019, 15 heures. De loin, on dirait une colline. Elle domine la capitale indonésienne. Plus on s'approche, plus elle devient imposante. Et plus on se rend compte de la réalité qu'elle recouvre.

JOURNAL DE GUERRE ÉCOLOGIQUE

Je me trouve face à la principale décharge de Jakarta, l'une des plus grosses du monde. Elle doit dépasser les cent mètres de hauteur et s'étend sur plusieurs kilomètres. Aucun container, aucun système étanche. Les déchets sont déversés à même le sol et entassés en couches successives. Au pied de la « colline », j'aperçois une file ininterrompue de camions, qui patientent avant de décharger leur benne. « À l'origine, ils étaient censés enfouir les ordures sous terre et les recouvrir, précise Annabelle. Mais la décharge a très vite dépassé sa capacité. Donc ils ont commencé à entasser en hauteur et ça s'est transformé en… ça. Dans ces conditions, impossible de contenir les déchets. À la moindre pluie ou quand il y a beaucoup de vent, ça finit dans les canaux, les rivières et, en définitive, dans l'océan. » Le recyclage ? « Marginal et défaillant dans cette partie du monde », assure Annabelle.

Des centaines de petites silhouettes s'activent sur cet étrange relief. Ces travailleurs sont parmi les plus pauvres de la planète. Ils passent leurs journées dans la décharge en espérant trouver des matériaux à revendre. Du cuivre, des vêtements, de l'aluminium, du plastique rigide… Nous empruntons l'un des chemins aménagés sur les couches de déchets pour tenter de leur parler. Nous n'irons pas très loin. Plusieurs agents de sécurité à moto nous entourent rapidement. Interdiction formelle de filmer ici. Ils nous escortent jusqu'au poste de contrôle et nous demandent de supprimer les enregistrements. Visiblement, les autorités n'ont pas envie de dévoiler cette image de Jakarta aux médias étrangers. On peut les comprendre. Clément et Victor, les caméramans de mon équipe, ont l'habitude de ce genre de situation. Ils ont eu le temps d'enlever la carte mémoire de l'appareil et de la remplacer par une autre sur laquelle ne figurent que quelques photos prétextes. Ils les suppriment sous le regard rassuré des agents.

En revenant vers notre hôtel, nous passons à proximité du Citarum. Ce fleuve est détenteur d'un triste record : il est le plus pollué du monde. De nombreux déchets flottent à la surface, mais je m'attendais à pire au vu de sa réputation. « C'est normal, m'informe Annabelle, les militaires viennent tout juste de nettoyer cette partie. » Cette opération est en réalité cosmétique. Le gouvernement indonésien, soucieux de l'image du pays, a envoyé des milliers de soldats ramasser le plus de déchets possible quelques jours auparavant. Mais ces déchets ont été enfouis à la va-vite, à l'aide de bulldozers, directement dans les berges. Je gratte un peu la terre. En quelques secondes, un sac plastique émerge. Puis deux, trois, suivis de dizaines d'autres. À la première grosse pluie... retour à l'envoyeur !

25 juillet 2019, 9 h 30. Une image me suit tout au long de notre périple indonésien. Celle des baleines de Méditerranée. Quel rapport ? Le plastique. Avec des biologistes du WWF, le Fonds mondial pour la nature, nous avions passé quatre jours à naviguer au large, entre Nice et la Corse, à bord du voilier de l'organisation, le *Blue Panda*. L'objectif de la mission était de réaliser des biopsies[1] sur des rorquals communs, l'espèce de baleine la plus présente en Méditerranée, et le deuxième plus gros animal du monde derrière la baleine bleue. Ces géants, qui peuvent dépasser les vingt mètres, sont hautement contaminés au plastique. On le sait, les animaux marins en avalent des morceaux encore solides en se nourrissant. Désormais, le plastique fait même partie de leur épiderme. Les analyses menées par les scientifiques du WWF l'ont montré : 100 % des rorquals communs testés avaient des phtalates dans leur peau et leur chair. Les phtalates sont des composés chimiques utilisés dans la fabrication des plastiques, notamment pour les rendre résistants à la chaleur. Un produit miracle, jusqu'au moment où le plastique se décompose en microparticules dans l'océan. Invisibles à l'œil nu, les phtalates contaminent alors toute la chaîne alimentaire, jusqu'aux baleines... et aux hommes. Perturbateurs endocriniens et reprotoxiques[2], ils affaiblissent les cétacés, les rendant vulnérables face aux maladies, et troublent leur système reproducteur. Les torrents de déchets déversés dans l'océan par l'Indonésie et les autres pays de la région ont un impact direct sur la vie marine dans le monde entier. Mais cette responsabilité est aussi la nôtre.

---

1. Prélèvements de peau et de chair.
2. Phénomène de toxicité pouvant altérer la fertilité ou le développement des fœtus.

LA BOMBE EST LÂCHÉE

Les pays riches, dont la France, jouent un rôle dans la crise des déchets en Asie.

Nous voici dans le village de Bangun. Ici, tout le monde l'appelle « le village plastique ». Quelques centaines d'habitants vivent dans des maisons exiguës bien entretenues. Devant chaque habitation, d'immenses tas de déchets. Les places du village, elles aussi, sont ensevelies sous les emballages. La population survit en faisant le tri, pour récupérer les plastiques recyclables et donc revendables. Le reste, la grande majorité, est tout simplement jeté en pleine nature ou dans les ruisseaux. Je m'approche pour inspecter dans le détail. Un plastique jaune attire mon regard, son logo m'étant familier. C'est un emballage de stylos Bic. Les inscriptions sont en français et la mention « made in France » imprimée au dos laisse peu de place au doute. Ce déchet vient probablement de chez nous. Quelques mètres plus loin, un sac plastique Decathlon et une bouteille de la marque Évian. Même chose : tout est écrit en français, dont la phrase suivante, ironique dans ce contexte : « Pensez au tri, 100 % recyclable. Cet emballage n'est pas conçu pour des transports longue distance hors d'Europe. »

10 heures. En observant les déchets un à un, je me rends compte que la quasi-totalité d'entre eux provient de pays européens, dont la France. Ici, un emballage de frites surgelées *made in UK*. Là, une boîte de pâté produit en Belgique. Comment ont-ils atterri à l'autre bout du monde, au milieu d'un village-décharge ?

JOURNAL DE GUERRE ÉCOLOGIQUE

« À Bangun, il y a plusieurs usines de papeterie, m'explique Annabelle. Ces usines importent légalement du papier venant d'Europe. Mais des déchets plastiques sont cachés illégalement dans les containers. Pour moi, c'est la preuve qu'il y a des problèmes dans nos circuits de recyclage en général. On a l'impression que, quand on met quelque chose dans la poubelle jaune, il va être transformé. Et on se rend compte que ces déchets peuvent aussi se retrouver en Indonésie, via des circuits pas très honnêtes. » Ici, personne ne se plaint de ces exportations illégales. Les déchets plastiques permettent aux habitants de gagner environ quatre euros par jour. Et quand il s'agit de survivre, les dégâts causés à l'écosystème ne sont pas un sujet prioritaire.

J'ai enquêté sur une situation similaire en Malaisie au printemps 2019. À l'époque, notre pays exportait plusieurs centaines de tonnes de déchets vers cet État asiatique. Un plan B, après la décision de la Chine en 2018 de ne plus accepter de plastiques usagés venant de l'étranger. Exporter le plastique usagé peut se révéler plus rentable que de les traiter en France. C'est légal, à condition que les déchets ne soient pas dangereux et qu'ils soient correctement pris en charge à destination. C'est là que le bât blessait : les emballages non valorisables étaient en général déposés illégalement dans la nature ou brûlés. Nous avions interrogé un habitant d'un village malais bordant des usines clandestines qui traitaient les déchets occidentaux. « On voit des colonnes de fumée s'échapper de là, expliquait-il, désemparé.

Il y a d'énormes sacs de plastique en train de brûler, l'odeur est immonde. Quand on vérifie le contenu, on constate que les déchets viennent de France et d'autres pays étrangers. » Les images montraient des emballages d'emmental et de lait français éparpillés au milieu de la végétation. Après notre enquête, François de Rugy, alors ministre de l'Environnement, m'avait promis l'ouverture d'une enquête. « Je dis stop à ces entreprises, déclarait-il face à nos caméras. Celles qui sont dans l'illégalité, il n'y aura pas de quartier, on va les condamner. Je vais toutes les réunir pour qu'elles s'engagent à cesser les exportations. » En novembre 2019, une entreprise de courtage française a écopé de 192 000 euros d'amende pour avoir envoyé illégalement vingt containers de plastiques vers la Malaisie. De son côté, l'État asiatique a pris les choses en main. « Cessez d'exporter vos déchets dans les pays en développement », avait averti la ministre malaise de l'Environnement, refusant de servir de poubelle à l'Europe. En janvier 2020, elle est passée au stade supérieur en renvoyant cent cinquante containers de déchets plastiques illégaux vers leurs pays d'origine, dont quarante-trois vers la France. Pendant ce temps, en Indonésie, le problème perdure et Bangun en est la triste illustration.

14 heures. Nous quittons le village, laissant ces montagnes de plastique derrière nous. La plupart d'entre elles s'éparpilleront progressivement, libérant leurs emballages dans la nature et, à terme, dans l'océan. Mais une partie de ces micro-déchets plastiques aura une autre destinée. Tout aussi délétère pour l'environnement. Annabelle veut nous montrer cette réalité méconnue. Nous roulons quelques minutes, en direction de longs panaches de fumée noirâtre. Ils s'échappent de bâtiments à l'allure instable, faits de tôles et de bois. À première vue, je pense à des incinérateurs. Erreur : il s'agit d'usines de fabrication de tofu, une spécialité à base de soja très appréciée dans la région. Dans l'arrière-cour, d'immenses tas d'emballages déchiquetés en petits morceaux. Les ouvriers viennent s'y servir à l'aide de pelles pour alimenter des fours, qui créent la chaleur nécessaire à la cuisson du tofu.

Le patron nous accueille, ravi de recevoir des étrangers. Il nous fait visiter son établissement. Les hommes, torse nu, travaillent à la confection du tofu à partir des graines de soja. Les femmes, habillées, s'occupent de la cuisson à l'aide d'immenses poêles posées sur les flammes issues de la combustion du plastique. L'odeur est insupportable. Nous sommes sur place depuis cinq minutes à peine et j'ai déjà de forts maux de tête. « On travaille ici dix heures par jour, m'explique une employée. C'est très difficile. Il fait chaud et les fumées nous causent des problèmes respiratoires. Je tousse en permanence et beaucoup de gens meurent de maladies des poumons dans nos villages. » Comment peut-il en être autrement ? Cette fumée noire est probablement l'une des plus toxiques qui soit et il n'y a dans l'usine aucun système d'extraction. Pourquoi brûler du plastique plutôt que du bois ? « C'est beaucoup moins cher, répond le patron, qui veut également nous montrer le soja utilisé pour la fabrication du tofu. Ce sont des graines américaines, la meilleure qualité ! », me lance-t-il, non sans une certaine fierté. Effectivement, un drapeau américain est imprimé sur les sacs de graines. La situation est ubuesque. Cette usine fabrique du tofu pour les Indonésiens à partir de graines de soja cultivé aux États-Unis et en brûlant des déchets plastiques importés d'Europe.

« Le côté sombre de la mondialisation », résume Annabelle.

Agbogbloshie, Ghana

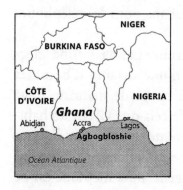

17 juin 2019, 9 heures. Nous ne passons pas inaperçus. Aucun Blanc ne vient jamais par ici. En fait, aucun riche ne vient jamais par ici, Noir ou Blanc. Agbogbloshie est un bidonville à la sinistre réputation, situé en périphérie de la capitale, Accra. L'un des plus grands du Ghana. J'ai l'impression d'entrer dans le film *Mad Max*. Décor post-apocalyptique fait de carcasses de voitures, de cabanes de fortune et d'enfants errants pieds nus sous un soleil brûlant très agressif. On nous fait comprendre qu'il faut passer voir l'un des « chefs

JOURNAL DE GUERRE ÉCOLOGIQUE

de secteur » avant de pouvoir s'enfoncer davantage dans le dédale des ruelles. La mafia contrôle les lieux. Impossible d'y couper : il faut laisser un bakchich, sous peine d'être expulsés *manu militari*. Plusieurs associations écologistes nous ont affirmé qu'Agbogbloshie était un point de chute pour les appareils électroniques européens en fin de vie. Le bidonville ferait même partie des dix sites les plus pollués du monde. Il ne nous faut pas longtemps pour en être convaincus. Guidés par un habitant, nous arrivons sur un vaste terrain vague, situé au milieu des baraquements. Le sol est tapissé de déchets sur plusieurs hectares. La mafia des ordures a relativement bien organisé la décharge avec un espace pour les ordinateurs, un autre pour les télévisions, un troisième pour les téléphones portables...

Nous entrons sur le terrain par la « zone électroménager ». Un groupe d'une dizaine d'hommes démontent des frigidaires à coups de marteau, pour en extraire le cuivre. C'est de cela que vivent les habitants d'Agbogbloshie : la revente de cuivre et d'autres métaux présents dans les objets électroniques que nous utilisons tous les jours. En général, la méthode est de tout brûler, puis de récupérer ce qu'il reste. Le plastique et les isolants partent en fumée, le cuivre résiste. Ici, des hommes mettent le feu à des écrans plats. Là, d'autres observent une radio, une imprimante et des fils électriques se consumer. En cherchant un peu dans ce chaos, je découvre les pays d'origine des objets. Une machine à smoothies, fabriquée en

28

LA BOMBE EST LÂCHÉE

Allemagne. Des cartouches d'imprimante, *made in UK*. Un mixeur venant d'Autriche. Et même le socle d'un produit Moulinex non identifié, sur lequel est inscrit en français : « modèle déposé, made in France ».

Dans la « zone télévisions », mes yeux passent d'écrans plats en écrans plats. Je n'y vois que des marques mondialement connues et des objets que n'importe quel Français pourrait avoir dans son salon, mais qu'un habitant d'Agbogbloshie n'aurait jamais les moyens de s'acheter neufs. Leurs anciens propriétaires ne doivent pas se douter qu'ils ont fini là, à l'autre bout du monde. Chaque jour, des containers entiers arrivent ici. En théorie, c'est illégal, les lois internationales interdisant d'exporter les déchets électroniques vers les pays en développement, comme le Ghana. Ces objets sont censés être traités sur notre territoire. Mais, dans les faits, à peine 50 % des déchets électroniques français sont pris en charge par la filière légale de traitement dans notre pays. Une partie des autres 50 % se retrouvent ici. Selon les experts, il s'agit surtout de télés, d'appareils électroménagers, ou de vieux ordinateurs déposés à même la rue ou jetés à la poubelle. Récupérés par des circuits mafieux, ils sont ensuite exportés de manière illicite. Impossible pour les autorités de vérifier tous les containers au départ ou à l'arrivée. Certains ont même trouvé la faille pour envoyer les déchets électroniques vers l'Afrique sans craindre la justice. Officiellement, ils les exportent pour les faire réparer, ce qui est légal. Tout en sachant qu'ils ne feront jamais le voyage

JOURNAL DE GUERRE ÉCOLOGIQUE

retour et qu'ils finiront dans des endroits comme ce bidonville. Ici, à Agbogbloshie, tout le monde – mafia, police, hommes politiques – ferme les yeux sur cette pratique qui permet à quarante mille personnes de survivre.

10 h 30. Assis au soleil, tresses sur le crâne, corps sec et nerveux, regard hagard, il semble perdu dans ses pensées. Je m'approche pour engager la conversation. Il s'appelle John. « J'ai vingt ans, j'ai commencé ce travail à douze ans. Je suis ici douze heures par jour. Le cuivre, on le revend environ trois euros le kilo. C'est un travail difficile. Regarde mes mains. » Elles sont recouvertes de croûtes et de profondes cicatrices. Sans aucune protection, John récupère le cuivre, l'aluminium et le fer mis au jour lorsque les ordinateurs brûlent. « Parfois il y a des choses qui explosent et qui t'atteignent, reprend-il. C'est très dur avec la chaleur. J'ai des douleurs à la tête et au cœur à cause de la fumée. Quand tu passes ta journée à brûler des ordinateurs, la chaleur entre dans ton corps. Quand tu t'assieds ou quand tu t'endors après le travail, tout ton corps devient chaud... Quand je respire, j'ai mal, l'air ne passe pas. Si je trouve autre chose, je partirai travailler ailleurs, parce que ici on souffre trop. »

Comme la plupart des habitants d'Agbogbloshie, il n'est pas originaire d'Accra, la capitale. Il a quitté son petit village perdu dans la brousse pour venir travailler dans cet enfer. Je m'apprête à me lever pour continuer mon inspection du terrain vague. John m'avertit : « Fais gaffe, ne va pas tout droit, c'est la rivière, contourne par la gauche ! » La rivière ? Je lui fais répéter trois fois pour être sûr. « Oui, la rivière, confirme-t-il. Tu ne la vois plus car elle est recouverte par des mètres de déchets, mais elle est toujours là, dessous. » John se lève pour me le prouver. Il appuie avec son pied sur un tas d'objets électroniques que je m'apprêtais à franchir sans me poser de question. Le sol se met à onduler. « Tu vois, il y a toujours de l'eau dessous, lâche-t-il en riant. À une époque, les gens se baignaient ici. Mais à force d'y jeter le reste des télés et des autres trucs, la rivière a disparu. C'est un piège, parce que si tu marches de tout ton poids là-dessus, tu peux être englouti. Deux personnes sont mortes comme ça. » Finir noyé dans un océan de déchets. La perspective ne m'enchante guère.

14 heures. Il doit avoir à peine dix ans, onze tout au plus. À peu de chose près, l'âge d'Ava, ma belle-fille, qui est à l'école à Paris au moment où je l'aperçois. Ce petit garçon, vêtu d'un tee-shirt noir, d'un jean, de chaussettes et de claquettes, a le regard triste. Il traîne les pieds au milieu de la décharge, un sac de riz vide dans une main et une ficelle dans l'autre. Que tire-t-il ainsi ? « Un aimant », tranche Clément, qui dégaine sa caméra pour capturer l'instant. Il a raison, le petit garçon tire un aimant derrière lui, afin de ramasser les minuscules bouts de métal laissés par les adultes. Quand la ficelle se tend trop sous le poids de sa

JOURNAL DE GUERRE ÉCOLOGIQUE

récolte, il se baisse et soulage l'aimant en remplissant son sac. Il fait cela toute la journée. Ainsi va la vie des enfants d'Agbogbloshie. Lui et les autres s'empoisonnent. Les déchets électroniques contiennent de nombreux produits dangereux, comme les métaux lourds – plomb et mercure, entre autres – mais aussi les polluants organiques persistants, dont le brome, qui se trouvent dans le plastique des appareils. Quand ils brûlent, tout s'échappe dans l'environnement. Le sol sur lequel je marche contient des taux de mercure et de plomb dix fois supérieurs au seuil maximum fixé par l'Organisation mondiale de la santé. La santé des habitants qui vivent ici se dégrade vite. Surtout s'ils consomment le lait ou la viande des chèvres et des vaches qui vivent parmi les carcasses d'ordinateurs, de tablettes ou de machines à laver. Elles cherchent avec difficulté un peu de nourriture organique au milieu de cet enchevêtrement de plastique et de métal. Je vois certaines chèvres, affamées, mâcher des câbles électriques. Quant aux œufs des poules consommés par les forçats d'Agbogbloshie, les quelques études qui ont été menées sur leur composition font froid dans le dos. Ils sont bourrés de dioxyde de chlore et de brome. En consommant un seul de ces œufs, on dépasse de deux cent vingt fois le seuil journalier toléré pour ce genre de produits. Une dose qui, à force, peut provoquer cancers, diabètes, ménopauses précoces, troubles endocriniens, malformations congénitales et maladies cardio-vasculaires. Les habitants de

LA BOMBE EST LÂCHÉE

ce bidonville meurent à petit feu, contaminés par nos appareils électroniques qu'ils brûlent pour survivre.

Avant de quitter les lieux, nous avons rendez-vous avec une activiste écologiste, Vanessa Antoinette Asare, de l'association Youth go green. Elle veut envoyer un message aux pays riches à travers notre caméra : « Nos eaux sont contaminées, polluées par ces produits chimiques. Notre air est contaminé. Notre végétation est contaminée. Nous sommes vraiment en danger et ces objets viennent tous d'Europe ou des États-Unis. Même si cela en arrange certains ici, je vous en supplie, ne jetez pas ces déchets électroniques n'importe comment. » Pensons-y au moment de nous débarrasser d'une vieille machine à café. La poubelle est certes l'option la plus rapide et la moins contraignante. Mais il y a des chances pour qu'elle se retrouve dans un bidonville quelque part dans le monde.

Plusieurs choses à savoir. D'abord, si vous voulez remplacer un vieil objet par un neuf, le vendeur est tenu de récupérer l'ancien pour l'injecter dans un système de recyclage dédié. Si vous ne souhaitez pas racheter d'objet, vous devez déposer celui que vous jetez dans un espace spécial en déchetterie ou dans un point de reprise prévu à cet effet. Les piles et batteries, elles, peuvent être déposées gratuitement au sein des magasins qui en vendent. Si votre appareil est volumineux (frigo, lave-linge, etc.), certaines mairies vous proposeront de le prendre en charge via la collecte des encombrants. Évitez cependant de le déposer dans la rue sans surveillance, il risquerait d'être récupéré par un circuit illégal et, finalement, exporté. Enfin, le mieux reste de limiter au maximum ses achats de nouveaux appareils électroniques. Je n'y faisais pas vraiment attention avant mon reportage à Agbogbloshie. Mais le regard de cet enfant traînant son aimant au milieu des vapeurs toxiques m'a vacciné.

2.

L'OFFENSIVE DE LA MAFIA

San Felipe, Mexique

15 mai 2019, 9 heures. Ils nous ont donné rendez-vous sur une plage à l'écart du centre-ville. Le cadre est paradisiaque. D'un côté, le désert de sable et de roches, avec ses milliers de cactus. De l'autre, la mer de Cortés, coincée entre le continent américain et une langue de terre aride qui la sépare de l'océan Pacifique. Nous sommes au Mexique, au sud de la Californie américaine. Ici, les autorités officielles ne sont pas seuls maîtres à bord. La région est connue pour la ville de Sinaloa, et son cartel du même nom, l'un des plus puissants du monde.

Les hommes que nous attendons travaillent pour cette organisation criminelle. Nous les voyons arriver depuis la mer sur un *panga*, une barque de pêche traditionnelle équipée d'un puissant moteur hors-bord. Ils sont cinq, cagoulés. Mon rythme cardiaque s'accélère. Nous sommes sur le point de prendre le large avec des mafieux. Cela ressemble à une très mauvaise idée. Le cartel de Sinaloa est responsable de milliers d'assassinats et n'hésite pas une seconde à éliminer physiquement concurrents, policiers, journalistes ou témoins gênants. En mer, personne ne pourra nous protéger. Il faut garder son sang-froid. Avoir l'air serein. Surtout, ne pas montrer que nous sommes intimidés. L'un des cagoulés descend du bateau et avance vers nous avec de l'eau jusqu'à la taille. « Salut, les gars, lance-t-il en me tendant la main. La mer est calme et on est équipés comme il faut. On va aller dans une zone où l'armée ne patrouille pas. Vous êtes prêts ? » J'acquiesce en souriant. Il dit s'appeler Jorge. Habituellement, lui et ses hommes ne se laissent pas approcher par la presse.

Au terme d'une enquête de plusieurs semaines et d'un bon contact sur place, Guillaume, le réalisateur, les a convaincus de nous emmener en jouant cartes sur table. Nous voulons comprendre pourquoi ces anciens pêcheurs se sont transformés en petites mains du cartel. Certes, le cœur de leur métier n'a pas changé ; ils attrapent toujours des poissons. L'eau de la mer de Cortés, riche en nutriments charriés par les courants du Pacifique et le fleuve Colorado, abrite des centaines d'espèces, dont quatre-vingts sont endémiques. « L'aquarium du monde », disait le commandant Cousteau. Mais cette diversité n'intéresse pas nos mafieux. Ils ne cherchent qu'une seule espèce : le totoaba. Ce gros poisson de la famille des Sciénidés, qui peut mesurer jusqu'à deux mètres, ne vit nulle part ailleurs sur la planète. S'il est devenu la cible numéro un du cartel de Sinaloa, ce n'est pas pour être vendu sur les étals de San Felipe ou finir en ceviche, mais pour sa vessie natatoire. Depuis quelques années, cet organe, doté de prétendues vertus miraculeuses, est très recherché sur le marché noir asiatique. La vessie de totoaba guérirait des maladies, donnerait de l'énergie et serait même aphrodisiaque. Séchée, elle se vend jusqu'à cinquante mille euros le kilo dans certaines arrière-boutiques chinoises. C'est plus que l'or ou la drogue. D'où le surnom donné à ce poisson par les trafiquants mexicains : la cocaïne de la mer.

9 h 30. Notre *panga* fend rapidement la mer d'huile. Nous nous dirigeons vers une zone prisée des pêcheurs du cartel. Les courants et la profondeur un peu plus importante qu'ailleurs en font un lieu de passage des totoabas. À l'avant, le plus jeune de la bande – il doit avoir vingt ans à peine – prépare les appâts. Il coupe en deux des poissons de taille moyenne et les embroche sur d'énormes hameçons, de la taille de ma paume. Il y en a trois cents attachés sur une ligne en fil

JOURNAL DE GUERRE ÉCOLOGIQUE

de nylon d'environ cinq cents mètres, équipée de flotteurs en son centre et à ses deux extrémités. C'est ce qu'on appelle une *long line* et c'est la raison de notre présence à bord. S'ils nous ont acceptés, c'est pour nous montrer qu'ils sont des mafieux, certes, mais des mafieux responsables. Contrairement aux autres équipes de braconniers, ils n'utilisent pas de filets pour pêcher le totoaba. En tout cas, pas cette fois...

Face à notre caméra, ils veulent ainsi se dédouaner de toute responsabilité dans le désastre en cours. Car la mer de Cortés meurt à petit feu. L'aquarium du monde se vide. Pour récolter le plus de vessies possible, les hommes du cartel posent illégalement des milliers de filets lestés sur le fond, ou dérivant à la surface grâce à des flotteurs. La mer est quadrillée. Un piège mortel. À cause de ce braconnage intensif, le totoaba est désormais classé en danger critique d'extinction. Son statut d'animal protégé n'y change rien et il n'est pas la seule victime. Dauphins, requins, baleines, tortues... des dizaines d'autres espèces meurent dans les mailles. Celle qui inspire le plus d'inquiétude, c'est le vaquita, également appelé marsouin du Pacifique. Ce petit cétacé à la face rieuse, qui ressemble à un panda des mers, vit depuis des siècles dans le nord de la mer de Cortés. Malheureusement pour lui, il fait à peu près la même taille que le totoaba et se fait donc prendre dans les mêmes filets à grosses mailles. Les vaquitas étaient encore cinq cents il y a vingt ans. Aujourd'hui, selon les scientifiques, il n'en resterait que vingt-deux dans le meilleur des cas et six dans le pire des scénarios. D'ici à quelques mois, ils auront peut-être totalement disparu. Ce serait la première fois qu'un groupe criminel provoque l'extinction d'une espèce.

Après une demi-heure de navigation, nous avons atteint la zone de pêche. Le braconnier à la barre effectue un rapide tour d'horizon pour s'assurer qu'aucun navire de l'armée ou de la police ne traîne à proximité. Rien à signaler. Ils peuvent commencer. Le jeune et l'un de ses compères jettent la *long line* à l'eau. Une fois l'opération effectuée, le *panga* s'éloigne des flotteurs pour ne pas être pris la main dans le sac en cas de contrôle inopiné. « Maintenant, on attend, me dit Jorge. On va laisser les hameçons dans l'eau une heure ou deux, puis on ira les remonter. Il n'y a plus qu'à prier pour que la pêche soit bonne. »

11 heures. Je profite de l'attente pour interroger Jorge sur ses motivations. Je ne vois pas son visage mais il dégage une certaine bonhomie. Petit, la cinquantaine, voix douce, pas de tatouages, plutôt sympathique. Rien à voir avec l'image d'Épinal du trafiquant mexicain. Je l'imagine mal avec une arme à la main. « Avant, je pêchais légalement, lâche-t-il. D'ailleurs, je continue à emmener des touristes faire de la pêche sportive de temps en temps. Mais le totoaba rapporte tellement d'argent… Il suffit d'en attraper un ou deux et t'es tranquille pour plusieurs mois. Ça paye la voiture, l'essence, les courses, les études des enfants… C'est une bénédiction pour San Felipe. » À le croire, le

JOURNAL DE GUERRE ÉCOLOGIQUE

niveau de vie de cette petite ville côtière a considérablement augmenté grâce au braconnage des totoabas. Effectivement, en arrivant sur place, nous avions été marqués par le nombre de voitures de luxe dans une région pourtant pauvre.

A-t-il conscience de l'impact de son activité sur l'écosystème de la mer de Cortés ? « Moi, quand je vois un totoaba, je vois de l'argent, c'est tout », tranche-t-il. Comme la plupart des braconniers, Jorge ne croit pas les scientifiques. Selon lui, le totoaba n'est pas menacé. Il y en aurait autant qu'avant. Les études qui prouvent le contraire seraient manipulées par les autorités. Et le vaquita, au bord de l'extinction ? « Cela fait longtemps qu'il a disparu, et ce n'est pas notre faute, assène Jorge. C'est la faute des Américains qui rejettent des produits chimiques dans le Colorado et qui finissent en mer de Cortés. »

Aucune recherche n'a jamais démontré un tel lien et la présence de vaquitas a encore été signalée quelques semaines auparavant, mais peu lui importe. Croit-il vraiment en ce qu'il dit ou veut-il simplement passer le message du cartel auprès de la presse ? Difficile de savoir. Toujours est-il que de simple pêcheur, Jorge est passé au statut de criminel aux yeux de la loi mexicaine. En théorie, il s'expose à une lourde peine de prison s'il est surpris en train de pêcher du totoaba. Dans les faits, très peu d'arrestations ont lieu. Seules quelques grosses têtes de réseau tombent de temps en temps, plus souvent pour assassinat que pour crime écologique. Au niveau de Jorge, les risques sont assez

40

faibles. Mieux vaut braconner les totoabas que trafiquer de la cocaïne. Moins dangereux et tout aussi lucratif.

Midi. L'heure est venue de relever la *long line*. Le jeune se tient debout à la proue du *panga* et tire sur le fil en nylon, ramenant les hameçons un à un. Avec des crochets de cette taille, seuls des animaux imposants peuvent avoir mordu. Les premières minutes ne laissent rien présager de bon pour les braconniers. La plupart des appâts sont encore solidement fixés. Certains hameçons ressortent nus de l'eau. « Ça peut être des totoabas ou des requins qui réussissent à arracher l'appât sans se faire prendre, ou de plus petits poissons qui grignotent », analyse Jorge. Au bout de quelques minutes, la remontée se fait plus difficile, la *long line* s'alourdit. L'équipage croise les doigts. Déception : il s'agit d'une énorme anguille qui se débat de toutes ses forces. Jorge la détache et la relâche. Il reproduira ce geste une dizaine de fois. Beaucoup d'anguilles se sont fait prendre au piège aujourd'hui. Certaines sont mortes. En revanche, toujours pas de totoaba. L'enthousiasme des braconniers diminue. Dernier espoir quand le fil en nylon se tend à nouveau. Je vois apparaître une silhouette bien connue des plongeurs. C'est un jeune requin-marteau, une espèce menacée. Il mesure un peu plus d'un mètre de long. « Il est mort », lâche Jorge. L'énorme hameçon transperce la gueule du squale, qui perd beaucoup

JOURNAL DE GUERRE ÉCOLOGIQUE

de sang. « Lui on ne le rejette pas à l'eau, on va le manger avec la famille », précise le jeune homme.

J'accuse le coup. Je n'avais jamais assisté à la capture d'un requin. Les *long lines* sont peut-être moins destructrices que les filets, mais elles font tout de même des dégâts, aggravant encore un peu plus la situation en mer de Cortés. Les derniers hameçons sont relevés. Jorge et ses compères rentrent bredouilles. Pas de cocaïne de la mer. Pas de jackpot. Mais ce n'est pas grave, me disent-ils, car la pêche de la veille a été plus fructueuse. Au fil des heures, nous avons tissé un lien de confiance avec l'équipage. Ils nous parlent plus librement qu'au début et semblent sensibles à notre volonté de les accompagner et d'échanger. Alors c'est d'accord, ce soir, ils nous montreront leur butin.

21 heures. Nous patientons dans la voiture sur le parking d'une station-service de San Felipe. Jorge arrive au volant de son pick-up. Cette fois, il ne porte pas de cagoule. Son visage confirme mon impression : il n'a vraiment pas l'air d'un truand. Il descend et fait signe à Armando[1], notre contact local, de le rejoindre. Ils échangent à voix basse, puis Jorge remet un sac en plastique noir à Armando, qui remonte dans notre voiture en posant le mystérieux colis à ses pieds. « Allez,

---

1. Je ne dévoile pas sa réelle identité pour des raisons de sécurité, mais c'est grâce à Armando, excellent « fixeur » et connaisseur des cartels mexicains, que notre enquête a pu progresser sur place.

L'OFFENSIVE DE LA MAFIA

on le suit », lance-t-il à Guillaume, au volant. Je suis sur le siège passager avant. Victor, le caméraman, est assis à l'arrière. Nous nous enfonçons dans des ruelles mal éclairées. Le doute m'envahit. Je me retourne :

« Armando, qu'y a-t-il dans le sac ?

— Un totoaba.

— Quoi ? On est en train de transporter un totoaba dans notre bagnole ?

— Oui. Jorge ne voulait pas prendre le risque de le garder pendant le trajet, en cas de contrôle. Si je ne l'avais pas pris, il n'aurait jamais voulu qu'on l'accompagne. »

Je regarde Guillaume sans parler. Nos regards trahissent la même inquiétude. Si la police nous arrête et découvre le colis, nous risquons de finir en prison.

La petite confiance que j'avais en Jorge s'effondre. Est-ce une simple précaution de sa part, ou un piège ? Ai-je été trop loin dans mes questions sur le bateau ? A-t-il décidé de se débarrasser de nous ? Soudain, une voiture garée tous feux éteints sur le côté de la route démarre et s'intercale entre notre véhicule et celui de Jorge. Je note la plaque et envoie un message à mon producteur, resté à Paris. « Si tu n'as pas de nouvelles de nous dans une heure, considère qu'il y a un problème. » Je me tourne à nouveau vers Armando :

« Peut-on leur faire confiance ?

— Je ne sais pas. Je pense que oui. Mais il y a un risque. »

Nous prenons la décision de poursuivre. Quelques minutes plus tard, la mystérieuse voiture change

JOURNAL DE GUERRE ÉCOLOGIQUE

d'itinéraire. Soulagement. Jorge entre dans un lotissement et se gare devant une maison. Nous lui emboîtons le pas et sortons du véhicule. Il récupère le fameux colis et nous fait signe de le suivre.

« Bienvenue chez ma sœur », dit-il. Guillaume et Victor préparent les caméras. Jorge noue un tee-shirt autour de son visage en guise de cagoule, puis s'installe devant un évier extérieur pour sortir le totoaba de son emballage. C'est un beau poisson argenté, imposant.

À l'aide d'un couteau, notre braconnier éventre l'animal et en extrait délicatement la vessie natatoire. « Il faut faire très attention, parce que si je l'abîme, elle ne vaut plus rien », précise Jorge. Sous mes yeux, l'organe tant convoité. Une simple poche rose de tissus organiques… Celle-ci est de taille relativement modeste. Jorge pourra la vendre entre 1 500 et 2 000 dollars à l'acheteur du cartel. D'ailleurs, il vient d'arriver. Prévenu de notre présence par Jorge, ce gros bonnet a déjà le visage dissimulé. Il accepte d'échanger avec moi mais n'est pas très bavard. Son seul message : les groupes criminels ne sont pas responsables de la disparition des totoabas et des vaquitas, ce sont les Américains. On connaît la chanson. J'essaye de lui tirer les vers du nez. Comment les vessies arrivent-elles jusqu'en Chine ? Combien d'intermédiaires ? Mes questions ne lui plaisent pas. Il esquive et demande si j'en ai pour longtemps. Je sens qu'il vaut mieux ne pas insister. Il me confie simplement que la vessie achetée à Jorge peut se revendre au moins dix fois plus cher en Chine. Sacré business pour les têtes du réseau.

Avant de nous quitter, il m'interpelle une dernière fois : « Dis à Sea Shepherd qu'ils ne nous empêcheront pas de travailler. »

Mer de Cortés, Mexique

16 mai 2019, 10 heures. Benjamin sourit. Il apprécie l'hommage du cartel. « Je ne sais pas si on arrivera à stopper leur trafic, mais en tout cas, on les fait bien chier », lâche-t-il en riant. Originaire de Marseille, cet ancien danseur professionnel âgé de trente ans est le chef de pont du *Sharpie*. Un temps patrouilleur des garde-côtes américains, ce navire est désormais la propriété de Sea Shepherd, une ONG spécialisée dans la préservation de la vie marine et adepte de méthodes musclées. Comme des dizaines d'autres activistes venus du monde entier, Benjamin a rejoint la flotte de l'association présente dans la mer de Cortés. Plusieurs bateaux se relaient sur place. En ce moment, ils sont deux simultanément : le *Sharpie* et le *White Holly*. Nom de l'opération : *Milagro*. « Miracle », en français. Un miracle dont les vaquitas ont besoin pour survivre. L'objectif de Sea Shepherd est simple : retirer le plus de filets illégaux possible, pour donner de l'espace aux derniers survivants et leur laisser une chance de se reproduire. Pour cela, les activistes et leurs bateaux aux allures de pirates mènent une bataille navale contre les braconniers et les cartels. Parfois au péril de leurs vies.

Victor, Guillaume et moi embarquons avec eux pour dix jours. Le *Sharpie* est un navire robuste et rapide, parfait pour la mission. Côté confort, en revanche, c'est plutôt spartiate. Une quinzaine de personnes cohabitent à bord et dorment dans des lits superposés. Aucune intimité. Les membres d'équipage prennent leurs repas tous ensemble dans une petite salle équipée de tables scellées au sol. Toutes et tous bénévoles, ils restent en moyenne trois à quatre mois à bord. Benjamin est en couple avec Krystal, une Américaine qui occupe le poste le plus important du navire : elle est chef cuisinière. Trois fois par jour, elle prépare le repas pour tout l'équipage. Cent pour cent des plats sont végans. Aucun produit d'origine animale n'est servi à bord des bateaux de Sea Shepherd. « Une question de cohérence, souligne Krystal. On ne peut pas d'un côté se battre pour sauver des animaux, et de l'autre continuer à vider l'océan en les mangeant... » L'organisation est stricte. Nick, le capitaine, est maître à bord. Son équipage lui obéit au doigt et à l'œil. Les décisions stratégiques sont prises par Carolina, la chef de la campagne *Milagro*, qui coordonne les différents bateaux depuis la terre ferme.

10 h 30. Sur la passerelle, on rencontre Jack, un jeune Écossais. Vingt-deux ans à peine, mais déjà quatre années de mission au compteur. « Je veux laisser une empreinte sur cette planète, pas une cicatrice », lance-t-il. Il a le sens de la formule. Jack est le pilote de drone du *Sharpie*. De jour comme de nuit, il utilise son aéronef pour repérer les braconniers, les surveiller et les filmer. Depuis les airs, il est plus facile de faire la différence entre les pêcheurs qui travaillent avec des filets classiques et ceux qui utilisent les mailles à totoaba, illégales. « Les vaquitas vivent dans un périmètre minuscule, environ cent cinquante kilomètres carrés, m'explique-t-il. À l'intérieur de cette zone, toute forme de pêche est interdite, c'est un refuge. Pourtant, très fréquemment, des braconniers y pénètrent pour tenter d'attraper des totoabas. Ils posent leur filet au fond de l'eau et repartent, avec l'espoir de venir le récupérer plus tard et de toucher le jackpot. Nous, on essaye de trouver ces filets illégaux, avec le sonar qui nous permet de voir ce qu'il y a en profondeur ou avec la raie. »

La raie, c'est le nom que les militants donnent à une sorte de grosse ancre en métal fabriquée de manière artisanale. Traînée à l'arrière du bateau, elle est conçue pour survoler le fond de la mer, un à deux mètres au-dessus du sable. Si le bateau passe à proximité d'un filet illégal, la raie l'accroche, permettant à l'équipage de le sortir de l'eau. Parfois avec des animaux piégés encore vivants, libérés le plus vite possible. « On a sauvé une baleine, une tortue luth et plein de poissons », se félicite Benjamin. Mais la plupart du temps, les animaux remontés dans les filets sont déjà morts. Requins, raies, totoabas... C'est chaque fois un déchirement.

Le plus dur, c'est quand ils découvrent un vaquita. Un drame qui s'est encore produit trois semaines avant notre arrivée. L'équipage a repéré un cadavre flottant à la surface près d'un filet illégal. Après avoir cru distinguer un dauphin, les militants se sont finalement rendu compte qu'il s'agissait d'un de leurs protégés. C'est Eva qui l'a examiné. Cette biologiste espagnole a rejoint Sea Shepherd il y a trois ans. « Quand vous savez qu'il reste entre six et vingt-deux vaquitas, chaque découverte d'un individu mort est une tragédie, souffle-t-elle. Dans ce cas-là, c'était encore pire, puisqu'il s'agissait d'une femelle en âge de se reproduire. Mais il n'y a eu ni larmes ni désespoir. On n'a plus le temps pour ça, on doit simplement se battre pour que ça ne se reproduise plus. Dès que j'ai vu le corps de ce vaquita, je lui ai fait une promesse : on continuera à se battre jusqu'à la fin. Même s'il ne reste qu'un seul d'entre eux, on sera là. » Jack approuve d'un signe de tête : « C'est une guerre qui se joue ici, entre des gens prêts à tout pour faire de l'argent et nous. Si on arrête notre mission, c'est terminé, les vaquitas auront disparu définitivement. Le seul espoir pour cette espèce, c'est ce bateau. »

19 heures. À bord, les équipes de Sea Shepherd ne sont pas seules. L'armée mexicaine a envoyé des soldats pour protéger les militants. Avec leurs treillis et leurs fusils d'assaut, ils sont prêts à intervenir en cas d'attaque et se relaient toutes les deux semaines. Les braconniers, excédés de voir leurs filets sortis de l'eau, n'ont pas l'intention de plier face aux défenseurs des vaquitas. En 2018, des dizaines d'embarcations ont mené un assaut en règle contre l'un des navires de Sea Shepherd. Jets de pierres, cocktails Molotov, tentatives d'intrusion… Les militants ont riposté avec de puissantes lances à eau, mais les soldats mexicains ont dû effectuer des tirs d'avertissement à balles réelles pour mettre fin à l'attaque. Au même moment, des habitants de San Felipe s'en prenaient aux bâtiments du ministère de la Pêche situés sur le port, brûlant tout sur leur passage. Une situation tendue, qui a forcé l'ONG à se réfugier plus au sud de la mer de Cortés pendant quelque temps. « Chaque année, dans le monde, environ cent cinquante protecteurs de l'environnement sont tués, dit Benjamin. On n'a pas envie d'être l'un d'entre eux. »

La nuit tombe. Les lumières du *Sharpie* passent au rouge, afin de ne pas éblouir l'équipage. C'est le moment le plus critique. L'obscurité est un atout pour les braconniers. Je profite du dîner pour demander à Benjamin les raisons de son engagement avec Sea Shepherd à l'autre bout du monde. « Je voulais agir concrètement, pas être dans le bla-bla. Ici, on se sent utile, on a un impact direct sur une espèce en danger. C'est une des lignes de front où il faut se battre. Il faudrait qu'on soit des millions à s'engager partout dans le monde. En étant là, je ne gagne pas un centime. Quand je reviens en France entre les missions, je fais des petits boulots pour mettre de l'argent de côté. C'est un choix de vie, et je ne le regrette pas une seconde. » À bord, certains sont plus âgés, comme Erik, le chef mécanicien, originaire de Suède et la

JOURNAL DE GUERRE ÉCOLOGIQUE

soixantaine bien avancée. Après une carrière dans la marine marchande, il a eu envie de donner un sens à ses compétences. « J'ai toujours été sensible au sort des cétacés, j'en ai croisé beaucoup dans ma vie, sans pouvoir agir pour eux, se rappelle-t-il. Aujourd'hui, je me rattrape. »

Après le dîner, chacun retourne à son poste. Sur la passerelle, dans le poste de pilotage, Nick, le capitaine, a les yeux rivés sur le radar qui détecte toutes les embarcations à proximité. J'en dénombre une quinzaine autour de nous. Tous ces navires sont clandestins, ils n'ont rien à faire là.

22 heures. C'est le moment pour Jack d'entrer en action. Il fait décoller son drone équipé d'une caméra infrarouge et l'envoie en direction de la barque de pêche la plus proche. Sur les images, on distingue quatre hommes cagoulés, en train de remonter un filet déposé illégalement dans la réserve. Ils perçoivent rapidement la présence du drone et envoient des projectiles dans sa direction. Mécontentes d'être perturbées par Sea Shepherd, plusieurs équipes de braconniers s'approchent alors dangereusement du *Sharpie*, allumant leurs lumières au tout dernier moment. Les activistes redoutent une attaque, voire un abordage. Le niveau 1 d'alerte est déclenché. L'ensemble de l'équipage doit rentrer à l'intérieur et verrouiller les portes du bateau. Chaque membre enfile combinaison ignifugée, protections et casque pour être prêt à se défendre en cas de besoin. Si une attaque a lieu, le niveau 2 est

L'OFFENSIVE DE LA MAFIA

enclenché et Sea Shepherd riposte. Le niveau 3 n'est, lui, activé qu'en dernier recours, lorsque les assaillants tirent à balles réelles. Dans ce cas de figure, ce sont les militaires présents à bord qui ouvrent le feu pour défendre le navire. Nous n'en sommes pas à ce stade d'alerte. Je reçois comme consigne de quitter le pont le plus vite possible et de fermer la porte bâbord derrière moi. La tension monte. Je connais les adversaires de Sea Shepherd, nous les avons rencontrés quelques jours plus tôt. Difficile de rester serein. Nick adopte une conduite « sportive », augmentant la vitesse de navigation et zigzaguant pour créer des vagues et impressionner les braconniers. La manœuvre semble fonctionner. Les embarcations illégales s'éloignent du *Sharpie* et du refuge des vaquitas. Mais, sur le sonar, Jack a repéré un filet.

Minuit. Nous arrivons sur zone. Il y a peu de profondeur, à peine quatorze mètres. Le filet est posé sur le fond, formant une boule compacte. Pour l'agripper et le remonter à bord, l'équipage utilise un grappin. « Tu devrais mettre des bottes et une combinaison », me lance Benjamin en riant. La suite s'annonce salissante. Au bout de quelques minutes, le filet apparaît. Il est recouvert de vase. C'est un filet fantôme, abandonné dans la mer depuis plusieurs mois, voire plusieurs années. Des braconniers n'ont peut-être pas réussi à le retrouver, ou ont été dérangés pendant leur travail. Il n'en reste pas moins un danger pour les vaquitas et les autres espèces marines.

51

JOURNAL DE GUERRE ÉCOLOGIQUE

À tour de rôle, nous nous relayons pour tirer le filet à bord. Seuls quelques crabes encore vivants sont prisonniers. Eva les libère avec une pince. « Il n'y a pas de petite victoire », sourit-elle. Il s'agit d'un filet à grosses mailles – on peut aisément y glisser la main – visant spécifiquement les totoabas. « Les cartels posent des filets comme celui-ci, souligne Benjamin. Ce sont les plus dangereux pour les vaquitas. Quand ils s'y cognent, ils vont se débattre pour essayer de se dégager et vont s'emmêler petit à petit, jusqu'à se noyer. » L'espèce, comme tant d'autres, est victime du *by catch*. Ce terme désigne tous les animaux capturés de manière accidentelle par les pêcheurs. Qu'ils soient légaux ou illégaux, les filets ne font pas dans le détail. Ils visent une espèce en particulier, mais attrapent tout ce qui passe au mauvais endroit au mauvais moment. Pour la pêche au thon par exemple, cent quarante autres espèces sont tuées involontairement : cétacés, tortues, poissons invendables… La plupart du temps, ils sont remontés à bord morts ou agonisants, puis rejetés à la mer.

En France, les chalutiers et les fileyeurs qui pêchent le bar ou le merlu au large de La Rochelle sont à l'origine d'un massacre de dauphins. Selon l'observatoire Pelagis, rattaché au Centre national de la recherche scientifique (CNRS), environ dix mille d'entre eux meurent noyés dans les filets chaque année en France entre janvier et mars. Certaines carcasses, portant des blessures liées aux mailles ou emmêlées dans des morceaux de filets, s'échouent sur la côte atlantique à cette période. Les promeneurs les découvrent avec horreur

52

lors de leurs balades. La plupart des autopsies révèlent une mort par noyade. Beaucoup de chalutiers rochelais ou vendéens utilisent une méthode dévastatrice. Ils pêchent en duo en tirant chacun un côté du filet. À quelques centaines de mètres de distance l'un de l'autre, ils ratissent une large zone, laissant peu de chances aux dauphins qui se mêlent aux bancs de bars pour chasser la nuit. Les fileyeurs, eux, déploient des filets de plusieurs dizaines de kilomètres de long et font également beaucoup de dégâts sur les populations de dauphins.

Une tuerie silencieuse, à l'abri des regards, qui n'entraîne aucune sanction. Les chalutiers doivent en principe être équipés de *pingers*, des boîtiers émettant des ultrasons censés éloigner les cétacés. Force est de constater que leur efficacité est relative, voire nulle. Les pêcheurs ont également l'obligation de signaler toute capture accidentelle, mais pour éviter la paperasse, la plupart rejettent discrètement les carcasses à l'eau ou les dépècent afin de les consommer, comme l'a prouvé une vidéo récupérée par Sea Shepherd en janvier 2020. Filmée par un pêcheur, on y aperçoit ses coéquipiers en train de découper le cadavre d'un dauphin pour en extraire la viande. Les protagonistes plaisantent à propos de ce « bon bifteck ». Plusieurs cadavres de dauphins ainsi dépecés ont été découverts sur les plages de la façade atlantique.

Dans certaines pêcheries, les chiffres du *by catch* affolent les compteurs. Le chalutage de crevettes en Asie affiche un taux record de 95 %. Sur cent kilos

JOURNAL DE GUERRE ÉCOLOGIQUE

remontés à bord, il n'y a que cinq kilos de crevettes. Le reste est constitué d'autres espèces considérées comme des « déchets », rejetées à l'eau car interdites à la vente ou pas assez rentables.

Au niveau mondial, entre 1 000 et 2 500 milliards de poissons sont pêchés chaque année. Or, selon le WWF, 40 % de ces animaux seraient capturés de manière involontaire. Cela représente des centaines de milliards d'êtres vivants tués chaque année... pour rien !

Si le *by catch* est aussi massif, c'est qu'il reste impuni. Pêcher volontairement des dauphins, des tortues ou des poissons protégés est interdit dans la quasi-totalité des pays du monde. En revanche, lorsqu'il s'agit de prises dites « accidentelles », aucune sanction n'est prévue et, de toute manière, personne n'est là pour vérifier. Certains animaux victimes du *by catch* peuvent même être vendus légalement sur nos étals. Ce fut le cas en France dans plusieurs magasins d'un grand groupe de distribution agroalimentaire qui ont commercialisé des requins-renards – une espèce menacée et protégée – prétendument capturés de manière involontaire. Mais peut-on vraiment parler d'accident lorsqu'on utilise massivement des méthodes de pêche non sélectives qui ne font aucune distinction entre les espèces visées et les autres ?

17 mai 2019, 3 heures. Après un effort prolongé, le filet est entièrement remonté. Il mesure environ cinq cents mètres. Dans la mer, même abandonné,

54

L'OFFENSIVE DE LA MAFIA

il aurait pu tuer de nombreux animaux. Il est désormais hors d'état de nuire. Sea Shepherd va le détruire et le recycler. En une seule année, les activistes ont retiré près de trois cents filets de la mer de Cortés, au péril de leurs vies. Sans eux, les vaquitas appartiendraient déjà au passé et les cartels auraient gagné la partie. Le *Sharpie* rentre au port pour faire le plein de provisions et régler des problèmes techniques. Je laisse Benjamin, Eva, Jack et les autres à leur mission et quitte le Mexique. Deux mois après mon départ, une bonne nouvelle vient éclairer le combat de ces résistants et redonner une dose d'espoir. Par un beau matin de juillet, un couple de vaquitas a été filmé au large de San Felipe. Et cette fois, ils étaient vivants.

3.

LE FRONT NORD VA CÉDER

**Svalbard, 78 degrés nord,
océan glacial Arctique**

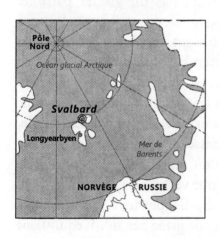

17 octobre 2019, midi trente. Je pose ma main dans la trace. Celle-ci fait quatre à cinq fois la taille de la mienne. L'animal doit être énorme. Il a dû passer il y a quelques heures à peine, car la neige est fraîche et le vent efface les empreintes. Pas de place au doute : il s'agit bien d'un ours polaire. L'un des trois mille représentants de son espèce à vivre ici au Svalbard.

JOURNAL DE GUERRE ÉCOLOGIQUE

C'est plus que les deux mille cinq cents habitants de l'archipel, essentiellement regroupés à Longyearbyen, la capitale la plus septentrionale de la planète. Située à proximité du 78e parallèle, à 1 200 kilomètres seulement du pôle Nord, Longyearbyen est un îlot rassurant perdu au milieu d'une nature sauvage hostile. Avant de s'y réfugier, il faut reprendre la marche sans traîner. Il fait - 22 degrés. Mes orteils commencent à perdre en sensibilité. Je me relève et m'éloigne des traces d'ours.

Avec mon équipe de tournage et Yann, notre guide, nous arpentons le glacier de Nordenskiöldbreen. Il s'étire à perte de vue vers les sommets et finit en falaises au niveau de la mer. Blanc en altitude, ce géant tire vers le bleu à mesure que la glace s'avance dans l'eau salée. Ce n'est pas un glacier paisible. Déchiré par de gigantesques crevasses, il hurle. Presque chaque minute, un puissant tonnerre s'échappe de ses entrailles. Le sol tremble. D'immenses blocs se détachent de son front et chutent dans l'océan. On appelle ce phénomène le « vêlage ». Les glaciers sont vivants. Au cours de l'Histoire, ils ont avancé, reculé, pris et perdu de la masse. Mais jamais les glaciers du Svalbard n'ont fondu aussi vite qu'aujourd'hui. Jamais ces monstres n'ont vêlé à un rythme si effréné et continu. Désormais, ils perdent en moyenne 15,4 milliards de tonnes de glace par an[1]. L'équivalent de 770 millions de camions à benne chaque année.

---

1. « Climate in Svalbard 2100 », NCCS Report, M12-42, 2018.

LE FRONT NORD VA CÉDER

« Aujourd'hui, les glaciers du Svalbard perdent plus de glace à travers la fonte et le vêlage qu'ils n'en accumulent à travers les chutes de neige », écrivent les auteurs d'un rapport scientifique commandé par le Centre norvégien des services climatiques[1]. « Tous les glaciers surveillés se rétractent, et les mesures par satellite confirment que la totalité du Svalbard perd de la glace », ajoutent les chercheurs.

14 heures. Mes yeux parcourent Nordenskiöldbreen. Difficile de détacher mon regard de ce paysage. L'équipe prend un maximum d'images pour documenter les bouleversements en cours. Les minutes filent, la lumière baisse et le froid se fait encore plus mordant. Ces conditions extrêmes compliquent le travail des caméramans. Les batteries se déchargent vite, et il est impossible de manipuler le matériel avec de gros gants. Il faut filmer à mains nues pendant quelques dizaines de secondes, puis faire une pause pour se réchauffer, avant de recommencer.

Dans quelques jours, la nuit polaire tombera sur le Svalbard. Trois mois d'obscurité complète. Nous profitons des dernières lueurs du jour pour rejoindre le bateau ancré face au front du glacier. Le crépuscule arrive déjà. Il est temps de rentrer vers Longyearbyen. Nous naviguons à vitesse réduite pour ne pas heurter de blocs de glace qui pourraient fendre la coque. Un naufrage dans cette zone ne peut pas bien se terminer.

---

1. *Ibid.*

L'eau est à 3 degrés. En descendant le fjord, j'observe le rivage. Svalbard signifie « côte froide » en norvégien. Difficile de trouver meilleur nom à cette terre hostile faite de roche et de glace. Aucun arbre ne pousse ici. Les précipitations sont rares et, en hiver, la température moyenne flirte avec les - 20 degrés. Inconnu du grand public, cet archipel est en revanche un haut lieu de la glaciologie mondiale. Le Svalbard compte 1 615 glaciers, recouvrant 60 % de son territoire, soit 36 600 kilomètres carrés, l'équivalent de trois cent cinquante fois la superficie de Paris.

Les glaciers ne sont pas tous similaires et nous sommes venus au Svalbard observer cette diversité. Nous pouvons distinguer quatre grands types, selon leur taille.

- Les glaciers alpins ou « confinés ». De montagne, de vallée, de cirque ou de marée (quand l'une des langues glaciaires rejoint la mer), ils sont de taille modeste. Les plus connus des Français sont la mer de Glace et le glacier de l'Argentière dans le massif du Mont-Blanc.
- Les champs de glace. Il s'agit d'une vaste zone de glaciers de vallées interconnectés. On en trouve en Patagonie, dans l'Himalaya, dans la chaîne des Rocheuses aux États-Unis, ou au Svalbard.
- Les calottes glaciaires. Ces géants forment une étendue de glace continentale de grande dimension. La calotte glaciaire la plus célèbre est le Vatnajökull, en Islande, qui recouvre 8 300 kilomètres carrés, soit la superficie de la Corse. Celle

du Svalbard est moins connue, mais encore plus grande ! Nommée Austfonna, elle occupe 8 492 kilomètres carrés à l'est de l'archipel.

- Les inlandsis (ou calottes polaires). Ils s'étendent sur plus de 50 000 kilomètres carrés et présentent par endroits plusieurs milliers de mètres d'épaisseur. On ne compte que deux calottes polaires sur la planète : celle du Groenland et celle de l'Antarctique. Les inlandsis sont de véritables régulateurs du climat, car ces grandes étendues blanches réfléchissent le rayonnement solaire et refroidissent la planète, phénomène connu sous le nom d'albédo.

Le Svalbard a l'intérêt de regrouper tous les types de glaciers, à l'exception des inlandsis. C'est ainsi le meilleur laboratoire pour observer en temps réel la catastrophe qui touche les pôles. C'est ici que le réchauffement climatique est le plus rapide. Au Svalbard, les températures augmentent cinq fois plus vite que sur le reste de la Terre. + 4 degrés en moyenne depuis 1971[1] et + 7 degrés en hiver. En comparaison, l'élévation de la température moyenne à la surface du globe entre 1901 et 2012 est estimée à 0,9 degré par le Groupe d'experts intergouvernemental sur l'évolution du climat (GIEC). Ce qui se passe au Svalbard est un aperçu de ce qui devrait toucher l'Arctique dans son ensemble d'ici à 2050. En effet, une étude de l'ONU

---

1. « Climate in Svalbard 2100 », NCCS Report, M12-42, 2018, rapport cité.

parue en mars 2019[1] estime que les températures vont augmenter de trois à cinq degrés dans cette région du monde par rapport à la période 1986-2005.

Aujourd'hui, en Arctique, les températures augmentent déjà deux fois plus vite qu'ailleurs. Comment expliquer cette hausse ? La réponse tient en deux mots : amplification polaire. Derrière cette expression se cache un cercle vicieux. Plus le climat se réchauffe, plus les glaces et la banquise fondent et reculent, laissant place à la roche, mais surtout à l'océan qui ne réfléchit qu'entre 5 à 10 % du rayonnement solaire, quand la glace en réfléchit 60 % et la neige jusqu'à 90 %. Cette absorption de chaleur supplémentaire aggrave à son tour la fonte des glaciers et affaiblit la banquise. Celle-ci a enregistré mi-octobre 2019 sa plus petite superficie historique selon le NSIDS (National Snow and Ice Data Service), avec environ cinq millions de kilomètres carrés, contre plus de huit millions en moyenne à la même date sur la période 1981-2010. Plus grave encore, la banquise arctique est aussi plus jeune et plus fine. Pour survivre à l'été, elle doit être en partie composée de glace pluriannuelle, qui mesure au moins trois mètres d'épaisseur. Aujourd'hui, cette « vieille glace » est réduite à portion congrue. Épaisse en moyenne de quatre mètres vers 1950, la banquise dépasse désormais rarement les deux mètres. À ce rythme, elle aura peut-être disparu en été d'ici à 2030.

---

1. « A graphic look at the changing Arctic (rev.1) », Global linkages, Grid, ONU, mars 2019.

Nous descendons Isfjorden en direction de Longyearbyen. Isfjorden signifie « fjord gelé ». Il fut nommé ainsi car, en hiver, l'eau se transformait en glace. « Mais ça, c'était avant », observe Yann. Ce Français vit au Svalbard depuis dix ans. Il a vu son environnement se métamorphoser. « Il y a encore cinq ans, on pouvait traverser le petit fjord en face de Longyearbyen en motoneige, précise-t-il. Aujourd'hui, c'est très incertain. Même au cœur de l'hiver, il n'est plus totalement pris par les glaces. »

Longyearbyen, 18 heures. Nous nous installons dans l'un des rares bars de la capitale, qui ressemble à une ville de western version pôle Nord. Suspendus au-dessus des tables, des peaux de phoques et des pelages de renards arctiques. Ambiance trappeur.

« Qu'est-ce que je vous sers ? », nous demande le serveur de nationalité thaïlandaise. Il fait partie des nombreux étrangers venus s'installer au Svalbard. Ce territoire est sous souveraineté norvégienne, mais bénéficie d'un statut particulier, puisqu'il n'est pas inclus dans l'espace Schengen. Ici, pas besoin de visa. Sous quelques conditions strictes, tout le monde peut venir s'y installer. Pour habiter à Longyearbyen, il faut pouvoir subvenir seul à tous ses besoins. Personne ne doit compter sur l'aide de la communauté ou de l'État norvégien. Le chômage n'est donc pas toléré. Les habitants ne pouvant pas justifier d'un emploi ou d'une importante épargne sont expulsés vers le continent. De même pour ceux qui sont gravement malades

JOURNAL DE GUERRE ÉCOLOGIQUE

ou trop âgés. On ne croise presque pas de retraités à Longyearbyen. Pas de personnes handicapées non plus. Le décret royal norvégien du 3 février 1995 n'y va pas par quatre chemins : « N'importe quelle personne arrivant au Svalbard peut se voir refuser l'entrée à l'arrivée ou expulsée plus tard, s'il y a lieu de penser que la personne n'a pas les moyens financiers suffisants pour subvenir à ses besoins au Svalbard par des moyens légaux (…) ou s'il y a lieu de penser que la personne n'est pas capable de prendre soin d'elle-même de manière adéquate. » Longyearbyen dispose d'un simple centre médical pour les urgences, mais pas d'hôpital ou de bloc opératoire, et les femmes enceintes sont contraintes d'aller accoucher en Norvège.

Douze policiers assurent la sécurité dans la capitale, mais ils ne sont pas débordés, la criminalité étant inexistante. L'aéroport est la seule porte de sortie. Les habitants de Longyearbyen laissent sans crainte leur domicile ouvert et leurs vêtements à l'entrée des restaurants ou de la piscine. « Le plus gros crime, ce sont les gens qui se trompent et prennent les chaussures du voisin en sortant des bâtiments », plaisante un couple de Russes à la table d'à côté. Car oui, ici, tout le monde ôte ses chaussures en entrant dans une maison ou un lieu public. Le paradis des chaussettes… et des allergiques aux uniformes. L'archipel est déclaré zone démilitarisée par le traité du Svalbard de 1920. L'armée norvégienne n'a pas le droit d'occuper ces cailloux hostiles. Les quarante et un pays signataires – dont la France, la Grande-Bretagne, l'Australie, le Canada ou les États-Unis – peuvent exploiter les ressources naturelles sur un strict pied d'égalité. Aujourd'hui, seules la Norvège et la Russie utilisent ce droit et extraient du charbon. Ce minerai est à l'origine du peuplement permanent du Svalbard au début du xxe siècle. Longyearbyen tire d'ailleurs son nom de John Munro Longyear, homme d'affaires américain qui créa la ville en 1906. De nombreuses mines trouaient les reliefs il y a encore quelques décennies. Les habitants étaient presque tous mineurs.

19 heures. Trois hommes en combinaisons orange s'installent au fond du bar. De grands gaillards barbus aux cheveux clairs, discutant en norvégien. Ils font partie des dernières gueules noires du Svalbard. Seules trois mines sont toujours actives dans l'archipel, dont une à Longyearbyen qui devrait fermer d'ici à une vingtaine d'années après épuisement du filon. Quelques jours plus tôt, nous avons visité Pyramiden, l'un des vestiges de l'empire du charbon. Au plus fort de son activité, cette cité minière soviétique comptait plus de mille habitants permanents. Située à cinquante kilomètres de Longyearbyen, à proximité d'un glacier, la colonie fut abandonnée lorsque la mine a fermé en 1998. La population est partie du jour au lendemain, laissant tout derrière elle : les grands bâtiments en béton, le buste de Lénine, la piscine, le gymnase et les tunnels s'enfonçant dans les entrailles de la montagne. À l'intérieur des salles de classe de l'école, où les enfants des mineurs étudiaient, on trouve encore les cahiers et les stylos sur les tables. Dans les dortoirs des ouvriers, les casques sont toujours accrochés aux lits. Comme si Pyramiden avait été mis sous cloche il y a vingt ans...

Pendant plus d'un siècle, les mines de l'Arctique ont participé à l'une des industries les plus polluantes de la planète et donc à la hausse des températures qui bouleverse cette région. Désormais, le charbon n'a plus la cote, pas assez rentable. En revanche, le repli de la banquise livre des zones autrefois protégées aux appétits des chercheurs d'hydrocarbures. L'Arctique s'étend sur environ quatorze millions de kilomètres carrés, soit près de trente fois la France, et abriterait 13 % du pétrole et 30 % du gaz restant à découvrir sur la planète ! Il n'est donc pas étonnant que les pays situés à proximité du cercle polaire, dont la Norvège, le Canada, la Russie et les États-Unis, veuillent leur part du gâteau. Les projets de forages se multiplient. La Norvège a accordé quatre-vingt-sept licences d'exploration aux compagnies pétrolières en 2019, dont quatorze dans la seule mer de Barents qui s'étend entre l'est du Svalbard et le continent européen. De son côté, le géant français Total est l'un des artisans de la méga-usine de gaz de Yamal, en Russie. Ce site monstrueux, qui a coûté vingt-deux milliards d'euros, devrait produire à terme seize millions de tonnes de gaz naturel liquéfié chaque année. Quant au président américain Donald Trump, il souhaite autoriser l'industrie des hydrocarbures à forer au large de l'Alaska, malgré la décision de son prédécesseur

LE FRONT NORD VA CÉDER

Barack Obama qui sanctuarisa cette zone en interdisant toute nouvelle exploitation. Heureusement pour la planète, les conditions climatiques restent extrêmes en Arctique et les ambitions des multinationales sont tempérées par les coûts monumentaux des projets de forage. Cela ralentira les industriels, mais ne suffira pas à les arrêter.

Le recul des glaces ouvre aussi une nouvelle voie commerciale : le passage du nord-ouest. Situé au nord du Canada, il n'était auparavant pas praticable car pris dans les glaces toute l'année. Désormais, pendant l'été, certains navires peuvent l'emprunter. Le passage du nord-ouest relie l'Atlantique au Pacifique via l'Arctique et permet de réduire d'un tiers la durée du trajet maritime entre l'Europe et l'Asie. Par exemple, pour relier New York à Tokyo, les navires de commerce doivent parcourir plus de 18 000 kilomètres en empruntant la voie classique et le canal de Panama, contre 14 000 kilomètres via le passage du nord-ouest. Un gain de temps de 30 % environ et des économies considérables pour les transporteurs, mais qui posent des problèmes écologiques. En plus de fragiliser la banquise restante et de perturber les cétacés, le passage de porte-containers ou de pétroliers dans cet étroit corridor fait courir un risque de naufrage important. Or, une marée noire en Arctique serait un cataclysme. Comment extraire du pétrole coincé sous la banquise ou au milieu des blocs de glace, loin des infrastructures portuaires et avec une météo souvent

67

JOURNAL DE GUERRE ÉCOLOGIQUE

délicate ? Cette menace supplémentaire s'annonce iné-
luctable : avec la hausse des températures, le passage
du nord-ouest devrait être praticable durant la moitié
de l'année d'ici à 2035.

20 heures. En rentrant à l'hôtel, nous empruntons un
chemin situé au pied des montagnes qui encerclent
Longyearbyen. Les habitants évitent le secteur. C'est
un lieu maudit, devenu le symbole du changement
climatique. De part et d'autre du sentier se dres-
saient des maisons. Il ne reste aujourd'hui que leurs
bases en pilotis. Ce quartier fut rasé par une avalanche dévastatrice le 19 décembre 2015, en pleine
nuit polaire. Bilan : onze maisons détruites et deux
morts. Un traumatisme ancré dans la mémoire de la
petite communauté. C'était la première fois qu'un tel
drame frappait Longyearbyen. Les habitants pensaient
la glace millénaire solidement accrochée au flanc des
reliefs. Selon les scientifiques qui se sont penchés sur
le drame, l'avalanche a été causée, en plus du vent,
par la hausse des températures et des précipitations
qui déstabilisent le manteau neigeux. Dans la foulée,
les autorités du Svalbard ont mis en place une zone
rouge dans laquelle il est désormais interdit d'habiter.
Environ deux cents personnes ont dû quitter leurs
logements et les bâtiments concernés ont été détruits
ou vidés en attente de démolition.

Il existe aussi une zone orange dans laquelle il est
possible de loger, mais qui est évacuée au moindre
risque. Je croise Lina, la quarantaine, qui promène ses

68

deux chiens dont Jack, un husky. « J'habite dans la zone orange donc j'ai une valise prête en permanence au cas où il faille partir en urgence, m'explique-t-elle. C'est sûr qu'on n'est pas serein, on est aux avant-postes du changement climatique. » Les habitants de Longyearbyen n'ont plus le temps de débattre sur la réalité du phénomène. Pour eux, il s'agit de s'adapter à un environnement changeant et désormais imprévisible. Nous voici arrivés à l'hôtel. Lui aussi est construit au pied du relief. Pour l'instant, il n'est pas dans la zone à risque en raison de la plus faible inclinaison de la pente. Mais pour combien de temps ?

18 octobre 2019, 10 heures. Petits, trapus, enveloppés dans une épaisse fourrure… ils n'ont rien à voir avec les montures du Père Noël. Les vingt-deux mille rennes du Svalbard sont, en théorie, adaptés à leur environnement hostile. Même les ours polaires ne les inquiètent pas vraiment. Ils les sentent venir de loin et sont, contrairement aux phoques, plus rapides que le super prédateur. En couple, en groupe ou solitaires, les rennes vivent à l'état sauvage dans tout l'archipel. Ici, pas d'élevage ni de troupeaux domestiqués. Depuis mon arrivée au Svalbard, j'en ai croisé des dizaines. Ils conservent toujours une distance de sécurité mais côtoient les habitants sans crainte, allant jusqu'à brouter paisiblement en bordure des rues de Longyearbyen. Pourtant, les rennes, eux aussi, sont frappés par le changement climatique.

JOURNAL DE GUERRE ÉCOLOGIQUE

J'accompagne Ashild Onvik Pedersen dans une vallée proche de la capitale. Cette chercheuse de l'Institut polaire norvégien est chargée du recensement annuel des rennes. Elle scrute le paysage avec des jumelles pour compter les animaux, vivants ou morts. À proximité d'un ancien bâtiment minier, nous découvrons un cadavre. Il ne reste que la fourrure, les os et les bois. « Un de plus, souffle Ashild. Vu les traces tout autour du corps, les renards arctiques sont venus se servir jusqu'à ce qu'il n'y ait plus rien. Mais un renard n'attaque pas un renne vivant... Il est probablement mort de faim, comme les autres. » L'hiver dernier fut meurtrier. La chercheuse a découvert plus de deux cents carcasses de rennes, contre une cinquantaine en temps normal. En cause : la hausse des températures. Pour manger en hiver, les rennes grattent la neige afin d'accéder à l'herbe. Avec le changement climatique, il pleut davantage. Or, quand l'eau tombe au sol, elle gèle, formant une couche de glace au-dessus de la végétation. Les rennes ne peuvent pas gratter la glace. Impossible de brouter. Ils meurent de faim. À l'inverse, en été, la végétation est de meilleure qualité car il fait plus chaud et il y a plus d'eau. Cela induit une surpopulation et donc une compétition plus importante entre les animaux. Cette concurrence a des conséquences dramatiques quand la nourriture n'est plus accessible pendant l'hiver. La disparition de la banquise est également un problème pour les rennes ; ils peuvent se retrouver bloqués sur une île ou

LE FRONT NORD VA CÉDER

dans un endroit isolé, sans pouvoir se déplacer pour chercher de meilleurs pâturages ailleurs.

Peuvent-ils s'adapter ? Sont-ils capables de composer avec un environnement qui ne ressemble déjà plus à celui dans lequel ils ont vécu pendant des siècles ? « Le climat change tellement vite ici que nos prévisions n'arrivent pas à suivre, s'inquiète Ashild. Tout ce qu'on craignait se passe beaucoup plus tôt que prévu. Au rythme actuel, la moyenne des températures au Svalbard sera positive à la fin du siècle ! Le permafrost ayant besoin d'une moyenne de - 3 degrés maximum pour rester gelé, ce serait une catastrophe. »

En 2019, des scientifiques ont découvert que le permafrost des îles arctiques du Canada avait commencé à fondre. Le GIEC ne prévoyait pas un tel dégel avant 2090 ! Cet emballement est alarmant, car le permafrost recouvre environ 25 % des terres émergées de l'hémisphère Nord. C'est une bombe à retardement. S'il fond, les matières organiques et végétales qu'il renferme vont se dégrader et se transformer en CO_2. Des quantités astronomiques de gaz à effet de serre seraient ainsi relâchées, accélérant et intensifiant le changement climatique. Selon les estimations des scientifiques, le permafrost contiendrait environ 1 700 milliards de tonnes de carbone. « C'est environ quatre fois plus que tout le carbone émis par les activités humaines au cours des temps modernes et le double de ce que contient l'atmosphère actuellement, écrivent Edward Schuur et Benjamin Abbott, deux biologistes américains auteurs d'un article publié dans la revue *Nature*[1] en 2011. Nous avons calculé que la fonte du permafrost libérerait à peu près autant de carbone que la déforestation si elle se poursuit au rythme actuel. Mais si on ajoute les importants dégagements de méthane, l'effet global de la fonte du permafrost sur le climat pourrait être deux fois et demie plus important (que la déforestation). »

À cela s'ajoute le risque que les virus et les bactéries, piégés dans le sol gelé depuis des milliers d'années, puissent remonter à la surface et réinfecter animaux et humains. Aujourd'hui par exemple, personne ne peut être enterré au Svalbard, pour des raisons de sécurité sanitaire. En effet, les autorités ont découvert en 1998 que des traces du virus de la grippe espagnole étaient toujours présentes dans les corps de sept hommes décédés en 1918 et enterrés au cimetière de Longyearbyen. La fonte du permafrost est un grand saut dans l'inconnu. Faut-il avoir peur ? « Oui, tranche Ashild. Ce qu'il se passe ici au Svalbard n'est qu'un avant-goût. »

19 octobre 2019, 9 h 30. Les nuits sont longues. Elles permettent au corps, fatigué par les conditions extrêmes, de récupérer. J'ai dormi près de dix heures, et il a tout de même fallu un réveil pour me tirer du lit. Ce matin, nous avons rendez-vous sur le port de Longyearbyen avec Heïdi Sevestre. Cette Française de trente et un ans, originaire de Haute-Savoie, est

---

1. « High risk of permafrost thaw », Edward A. G. Schuur, Benjamin Abbott, *Nature*, 30 novembre 2011.

LE FRONT NORD VA CÉDER

glaciologue. Diplômée du centre universitaire du Svalbard et de l'université d'Oslo, elle est spécialiste des glaciers arctiques. Mais Heïdi est aussi devenue le porte-voix d'une nouvelle génération de scientifiques qui ne se contentent plus de constater la catastrophe en silence. Je la retrouve devant le bateau qui doit nous conduire au sud du Svalbard, loin de toute zone de peuplement. Elle compte sur moi pour diffuser son message : elle souhaite faire comprendre qu'il y a un lien très puissant entre l'Arctique et nos vies quotidiennes en France.

Nous embarquons pour trois jours de mer. À bord : mon équipe – nous sommes quatre : Guillaume, le réalisateur, Victor et Clément, les caméramans, et moi –, Heïdi, le capitaine et un matelot. Direction le sud-ouest du Svalbard, à cent cinquante kilomètres de Longyearbyen. Heïdi veut nous alerter sur un phénomène inconnu du grand public qui touche un glacier emblématique de la glaciologie dans l'archipel : Recherchebreen, littéralement « le glacier de la recherche ». « C'est l'un des premiers glaciers à avoir été étudié dans cette région du monde, m'explique Heïdi. Une mission scientifique française l'avait observé dès 1840, grâce au navire d'expédition *La Recherche*, d'où son nom. Je ne suis pas allé le voir depuis trois ans. C'est important d'y retourner. Pour moi, c'est comme rendre visite à un vieil ami malade pour prendre de ses nouvelles. Tu vas comprendre de quoi je parle. »

73

JOURNAL DE GUERRE ÉCOLOGIQUE

10 heures. Nous quittons le port. Normalement, les bateaux ne sortent plus à cette période de l'année. La navigation devient trop dangereuse à cause de l'obscurité. Nous avons obtenu une autorisation spéciale liée au caractère scientifique de l'expédition. Notre fenêtre est étroite. Une tempête est prévue dans soixante-douze heures, il faut être rentré avant. Ici, même des vagues de petite taille peuvent devenir un problème. L'eau propulsée sur le pont du navire gèle aussitôt. Petit à petit, la glace s'accumule et alourdit l'embarcation. « Certains ont coulé à cause de ça », souffle le capitaine.

Pour l'instant, la mer est calme. Nous quittons Isfjorden en direction de la mer du Groenland. À quarante kilomètres de Longyearbyen, les lumières de Barentsburg apparaissent sur notre gauche. C'est la deuxième plus grosse « ville » du Svalbard avec 470 habitants, quasiment tous de nationalité russe et travaillant dans la mine de charbon locale. Heïdi analyse les reliefs qui se dégagent de la brume : « Le paysage qu'on voit ici est le résultat d'une succession d'âges glaciaires. On arrive à reconstruire quatre glaciations au Svalbard. La dernière s'est terminée il y a environ dix mille ans et a dessiné les vallées à travers l'érosion par la glace. Il y a eu ensuite des petits âges de glace, dont un entre 1300 et 1850. C'est de cette époque que date la dernière avancée des glaciers dans la région. »

16 h 30. Nous sommes désormais seuls dans l'Arctique. Je devine le glacier à l'horizon malgré l'obscurité ; sa masse blanchâtre se distingue dans la lueur de la lune. Nous allons passer la nuit à l'abri dans une baie. Le capitaine et son matelot préparent le repas du soir. Pâtes aux légumes pour moi, saumon et riz pour les autres. Attention sympathique de la part de l'équipage de penser au végétarien. En dessert, une sorte de pudding local au chocolat nous est servi. Le moins que l'on puisse dire, c'est que ça tient au corps… Quand on part en mission dans l'Arctique, il faut se forcer à manger même si on n'a pas faim. Vu les conditions extrêmes et le froid, notre corps a besoin de trois fois plus de calories que d'habitude. Il est temps pour la glaciologue de nous exposer la raison de notre présence, avant l'expédition du lendemain. « Si j'ai voulu t'emmener ici, c'est parce que le glacier de la Recherche est, comme d'autres glaciers du Svalbard, touché par un phénomène très étrange qu'on appelle une *surge* », explique-t-elle. En français, on pourrait traduire cela par « poussée ».

Face au changement climatique, le comportement classique d'un glacier est de fondre en reculant et en perdant de la surface. C'est ce qu'il se passe presque partout. Mais pour 1 à 2 % des glaciers du monde, dont celui de la Recherche, on observe à l'inverse des *surges*, des poussées. Au lieu de se retirer, le glacier avance et gagne rapidement du terrain sur la mer. On peut alors avoir l'impression qu'il grossit à vue d'œil, qu'il est au top de sa forme et de sa puissance.

Le glacier de la Recherche est en *surge* depuis deux ans. Il avance actuellement de deux mètres par jour. Heïdi est-elle en train de m'annoncer une bonne nouvelle ? Certains glaciers de l'Arctique feraient-ils de la résistance face à la hausse des températures ? « C'est malheureusement tout le contraire, tranche-t-elle, douchant mes espoirs. Les *surges* sont dévastatrices pour les glaciers et leur multiplication est un inquiétant symptôme du changement climatique. Tu comprendras mieux demain sur le terrain. »

20 octobre 2019, 10 h 30. Le soleil ne s'est pas levé, mais ses premières lueurs suffisent à y voir clair. Nous quittons le bateau à bord d'une petite embarcation pneumatique pour rejoindre le front du glacier. Je le distingue désormais dans son intégralité. Il dégage une force impressionnante. Ses falaises de glace d'une centaine de mètres de hauteur font l'effet de bulldozers avançant sans crainte face à l'océan. Il semble si proche, alors qu'au moins quatre kilomètres nous séparent. Nous débarquons sur une plage de galets. Yann, fusil à la main, part reconnaître les environs pour s'assurer qu'aucun ours polaire ne roupille derrière un rocher. Si tel était le cas, la mission serait annulée sur-le-champ. Rien à signaler, nous pouvons nous mettre en route.

« On marche sur les moraines, explique Heïdi. C'est le nom que l'on donne à ces roches qui ont été déposées par le glacier lorsqu'il s'est retiré à la fin du petit âge de glace. Il y a quelques centaines d'années, il arrivait jusqu'ici. » Le paysage est lunaire. Après une demi-heure de marche, nous arrivons au niveau du lagon, là où le glacier entre en contact avec l'eau salée et relâche ses icebergs. C'est sur cette étendue d'eau que le monstre de glace gagne actuellement du terrain. Nous ne pouvons pas aller plus loin, à moins de nous aventurer directement sur le glacier. « Trop dangereux, juge Heïdi. Tu vois, il est crevassé de partout et en mouvement permanent. Marcher là-dessus, c'est impossible. » Pas grave, la glaciologue a trouvé l'endroit parfait pour poser son matériel. Elle installe un trépied sur un monticule de roches surplombant le lagon, face au glacier. « Je vais fixer un appareil photo dans une boîte hermétique, précise-t-elle. Cet appareil va prendre une photo toutes les heures pendant deux ans. Grâce à cela, je vais pouvoir documenter précisément l'avancée du glacier. On a des données satellites, mais voir ce qu'il se passe au niveau du sol est indispensable pour décrypter les mécanismes des *surges*. »

Pour comprendre, il faut voir les glaciers comme des escalators géants qui vont dans le sens descendant. Ils sont composés de trois zones. D'abord, en hauteur, la *zone d'accumulation*, où tombe la neige qui se transforme en glace. C'est là que le glacier se remplit. Ensuite, la gravité fait descendre cette glace, qui passe par la *zone de transport*, où le glacier est souvent le plus épais. Enfin, vient la *zone d'ablation*, où la fonte est importante et provoque une perte d'épaisseur progressive jusqu'au front glaciaire, la zone la plus basse, qui prend au Svalbard la forme de falaises de glace tombant dans l'océan. Ceci est le fonctionnement *normal* d'un glacier : gagner de la glace dans la zone d'accumulation, en perdre dans la zone d'ablation. Les gains compensent les pertes.

Un glacier en bonne santé est une baignoire où le robinet est ouvert et où l'eau s'évacue par un siphon partiellement fermé. Le niveau de l'eau est stable, car l'écoulement est compensé par l'alimentation du robinet. C'est là que le changement climatique vient tout perturber. Avec la hausse des températures, les précipitations prennent de plus en plus souvent la forme de pluie. Les glaciers reçoivent donc moins de « carburant » au niveau de la zone d'accumulation. Dans le même temps, la fonte dans la zone d'ablation s'accélère. C'est comme si, dans votre baignoire, vous coupiez le robinet, tout en élargissant l'ouverture du siphon. Le niveau baisse, jusqu'à ce qu'il n'y ait plus d'eau du tout. C'est ce qu'il se passe pour les glaciers avec le réchauffement climatique. Moins de neige en haut, davantage de fonte en bas. Résultat : une perte de masse qui mène, à terme, à leur disparition. Et sur de nombreux glaciers du Svalbard, cette perte prend une forme atypique : les fameuses *surges*, dont Heïdi nous parle depuis hier.

Elle pointe du doigt le glacier et reprend son explication : « On voit qu'il est en train de *surger* car il est extrêmement crevassé. Il accélère vers la mer, il s'étire. Un glacier en *surge* avance dix à cent fois plus vite que les autres. Ce phénomène s'explique par une fonte très

LE FRONT NORD VA CÉDER

importante à l'endroit où le glacier entre en contact avec l'eau de l'océan, qui se réchauffe. Comme il perd beaucoup de masse en partie basse, il devient plus pentu, ce qui, avec la gravité, fait naturellement accélérer le déplacement de la glace vers le bas. Le glacier avance donc plus vite en partie basse qu'en haut, il s'étire et des crevasses se forment. Du coup, dès que la neige fond en été ou qu'il pleut abondamment – ce qui est encore une conséquence du changement climatique[1] –, toute l'eau s'infiltre dans les crevasses, arrive à la base du glacier et provoque un glissement rapide de la masse vers l'avant. C'est le début de la *surge*, qui peut durer entre un et dix ans. Au plus fort de son avancée, le glacier de la Recherche gagnait six mètres par jour sur l'océan. C'est loin d'être la plus grande accélération mesurée au Svalbard. Le glacier de Negribreen progressait, lui, de trente-cinq mètres par jour et celui de Brasvellbreen a gagné au total vingt kilomètres sur l'océan ! Cela peut être interprété comme un signe de puissance, mais ces avancées sont en fait catastrophiques, car un glacier ne peut pas gagner contre la mer. Quand toute l'eau située sous le glacier a été évacuée, il s'arrête puisqu'il n'a plus le lubrifiant nécessaire pour *surger*. L'immense langue de glace qui avait avancé sur l'eau fond alors très rapidement. Tout le terrain "gagné" est perdu. On le voit sur

---

1. Selon le GIEC, les précipitations annuelles au Svalbard augmenteront de 45 à 65 % d'ici à 2100 à cause du changement climatique.

nos images : après une *surge*, les glaciers reculent très vite et retrouvent leur position d'origine. Mais comme ils ont vêlé énormément de glace, ils sont beaucoup moins épais qu'avant leur accélération. Un glacier peut ainsi perdre jusqu'à 80 % de sa masse totale à la suite d'une *surge* de quelques années. C'est beaucoup plus qu'une fonte *classique* liée au réchauffement climatique. Comment veux-tu qu'il se remette de ça ? »

Finalement, la *surge* est une sorte de suicide. Poussés au point de rupture par un climat bien plus chaud qu'auparavant, certains glaciers précipitent leur masse vers l'océan, dans un combat perdu d'avance. « Au Svalbard, on compte 345 glaciers qui ont déjà surgé au moins une fois, précise Heïdi. C'est la plus grande densité au monde. En ce moment, ils sont une vingtaine en train d'accélérer. »

Midi. Nous faisons décoller notre drone pour filmer la zone depuis le ciel. Les crevasses et la puissante avancée du glacier de la Recherche lui donnent un aspect menaçant. Comme s'il était en colère. Je suis remué par les explications d'Heïdi. Comment intéresser les Français à ce qui se passe ici ? Ce monde hostile, extrême, encore peu exploré semble déconnecté de nos vies. Quand on pense aux enjeux environnementaux, le monde qui nous entoure vient en priorité à l'esprit. Les détritus que l'on croise dans son quartier, les arbres qu'on abat pour construire une autoroute, les gaz des pots d'échappement sur le chemin du travail, l'usine toute proche qui crache sa fumée noire... Qui se préoccupe du pôle Nord en se levant le matin ? « Pourtant, on devrait, lance Heïdi. Car ce qui se passe ici a un impact direct sur nos vies en Europe. L'armée du IIIe Reich l'avait bien compris... Pendant la Seconde Guerre mondiale, les Allemands ont installé des stations météorologiques au Svalbard. Pourquoi ? Pour anticiper la météo en Europe et en tirer profit sur le plan militaire ! Car le temps d'ici est celui qui arrive en France deux jours plus tard. C'est bien l'Arctique qui régule le climat chez nous. Ces glaciers et la banquise agissent comme des climatiseurs géants. S'ils disparaissent, il y aura davantage de canicules, de sécheresses et de phéno-mènes climatiques extrêmes en France. Tout est lié ! L'avenir de notre climat tempéré se joue ici. »

13 h 30. Le matériel d'Heïdi est solidement installé. Nous avons entouré le trépied de l'appareil photo de pierres glanées sur la moraine du glacier pour que les tempêtes ne le fassent pas tomber. « On verra s'il est toujours là et en état de marche quand je reviendrai dans deux ans, me dit Heïdi en souriant. On n'est pas à l'abri qu'un ours polaire vienne mettre un coup de patte par curiosité. Ça m'est déjà arrivé ! » Au moment de reprendre le chemin du bateau, un bruit sourd me fait tourner la tête. C'est le glacier. Il grogne, libérant par intermittence des blocs de glace dans l'eau du lagon. Des vagues se forment, puis disparaissent. Le silence revient. Je pense à ma compagne, Alexandra, restée à Paris. Elle est enceinte de sept mois. Ma

fille verra-t-elle un jour ce que je vois aujourd'hui ?
Pourra-t-elle admirer la force et la beauté brute de ces
géants blancs, ici ou ailleurs ? Dans sa France natale,
sera-t-elle encore protégée par ce bouclier polaire ? La
bataille pour l'Arctique sera décisive. Elle mérite notre
attention et notre soutien.

21 octobre 2019, 9 h 30. La nuit à bord du navire
a été bonne. Le sommeil est agréable dans la chaleur de la cabine. Avant de rentrer à Longyearbyen,
nous prenons la direction d'une autre baie, située à
quelques kilomètres de Recherchebreen. Une petite
maison se dessine à l'horizon. Minuscule tache noire
sur le rivage enneigé, posée à quelques mètres de la
mer et entourée de montagnes escarpées. C'est une
ancienne cabane de trappeur, datant de l'époque où
ces hommes solitaires partaient de longs mois pour
chasser le phoque, le renard arctique, le renne, ou l'ours
polaire, avant de revenir vendre les peaux aux habitants de Longyearbyen et du continent. Aujourd'hui,
il ne reste qu'un seul trappeur autorisé à travailler
au Svalbard, avec un quota très précis à respecter et
l'interdiction formelle de tuer des ours. Le refuge dont
nous nous approchons se nomme Bamsebu. De la
fumée s'échappe de la cheminée et une lumière chaude
brille à l'intérieur de la bâtisse en bois clair.

« On va aller rendre visite à Hilde et à Sunniva, me
glisse Heïdi. Ce sont deux femmes extraordinaires qui
ont tout quitté pour venir s'installer ici, en isolement
total, sur le front du changement climatique. Elles

LE FRONT NORD VA CÉDER

ont sacrifié leur confort et leur vie d'avant pour faire avancer la science et le combat environnemental. » Deux silhouettes sortent de la cabane et s'avancent sur la plage en agitant les bras. Nous les rejoignons avec l'embarcation pneumatique. À peine avons-nous posé un pied sur le sable recouvert de neige, qu'elles nous serrent dans leurs bras. On les sent émues. Cela fait deux mois qu'elles n'ont vu personne. Hilde Falun Strom est norvégienne. Mariée, mère et même grand-mère, elle vit au Svalbard depuis vingt-trois ans et explore l'Arctique depuis plusieurs décennies. « J'ai rencontré deux cents ours polaires dans ma vie », dit-elle en riant. Sunniva Sorby, elle, est canadienne. À cinquante-huit ans, elle fait partie des grands noms de l'exploration en Antarctique puisqu'elle prit part en 1993 à la première expédition cent pour cent féminine qui parvint à rejoindre le pôle Sud à skis. Leur nouveau défi : passer neuf mois en hivernage isolé, dont quatre mois de nuit polaire, à environ cent cinquante kilomètres de la ville la plus proche. Leurs seuls voisins ? Des rennes, des phoques et… des ours polaires. « Nous avons huit armes à feu, indique Hilde. Quand je sors de la cabane, j'ai toujours un pistolet d'alarme, pour effrayer l'ours, et un gros calibre en derniers recours. » Elle sort un pistolet Magnum de l'étui accroché à sa ceinture. « Il faut bien ça pour arrêter un ours déterminé… Mais j'espère ne jamais avoir besoin de m'en servir. On est ici chez eux, on doit les respecter et se faire les plus discrètes possible. »

JOURNAL DE GUERRE ÉCOLOGIQUE

10 heures. Hilde et Sunniva nous font visiter leur petite cabane. Une pièce unique, avec un coin cuisine et un salon, qui fait aussi office de couchette. Pas d'eau courante, ni de réseau électrique. Le courant est fourni par des panneaux solaires installés sur le toit. Et pendant la nuit polaire ? « Nous avons une éolienne et un générateur », m'informe Sunniva. Pour se chauffer, elles récupèrent du bois échoué sur le rivage. Il n'y a pas d'arbres au Svalbard, les troncs dérivent depuis la Sibérie et terminent leur voyage sur les plages de l'Arctique. Sur les volets, fermés dès que la nuit tombe, les deux femmes ont installé des clous. Objectif : dissuader les plantigrades d'entrer en forçant les fenêtres. « S'ils sentent la nourriture à l'intérieur, ils n'hésitent pas à s'introduire, précise Sunniva. Il faut limiter les risques. » L'hivernage loin de leurs proches est un défi extrême, mais surtout un « sacrifice » pour la science.

Durant leur séjour à Bamsebu, les deux exploratrices effectuent des relevés pour des organismes scientifiques du monde entier, notamment l'Institut polaire norvégien et la Nasa. Malgré les technologies qui permettent d'observer l'Arctique depuis l'espace, rien ne remplace un témoignage oculaire en temps réel au niveau du sol. Hilde et Sunniva scrutent les phénomènes météorologiques, les mouvements de la faune sauvage et les changements de l'océan.

« L'une de nos missions principales, c'est l'étude du phytoplancton dans l'eau qui nous entoure », m'explique Hilde. Le phytoplancton est constitué des

LE FRONT NORD VA CÉDER

organismes végétaux microscopiques vivant en sus-
pension dans les océans. Ils revêtent une importance
capitale pour la vie sur Terre car ils jouent un rôle de
pompe biologique : grâce à la photosynthèse, ils transforment le CO_2 présent dans l'eau et l'atmosphère
en oxygène. Ainsi, le phytoplancton absorbe chaque
jour 100 millions de tonnes de dioxyde de carbone
et fabrique 50 % de l'oxygène que consomment l'ensemble des êtres vivants, dont les hommes ! C'est lui
le véritable poumon de la planète qui nous permet de
respirer. Il joue également un rôle primordial pour les
espèces marines puisqu'il constitue le premier maillon
de la chaîne alimentaire dans les océans. Zooplancton,
poissons, invertébrés, cétacés… tous dépendent de lui
pour survivre. Le phytoplancton représente 98 % de la
biomasse totale des océans. 98 % ! Or, ces immenses
colonies de milliards d'individus, qui apprécient l'eau
froide, sont menacées par le réchauffement de l'océan
(+ 0,5 à + 1 degré au cours du siècle dernier). Bien qu'il
soit difficile de prédire l'évolution du phytoplancton
dans les décennies à venir, de nombreux scientifiques
tirent la sonnette d'alarme. Dans une étude publiée
en 2019 dans la revue *Nature*[1], des chercheurs du
Massachusetts Institute of Technology observent un

_____

1. « Industrial-era decline in subarctic atlantic producti-
vity », Matthew B. Osman, Sarah B. Das, Luke D. Trusel,
Matthew J. Evans, Hubertus Fischer, Mackenzie M. Grieman,
Sepp Kipfstuhl, Joseph R. McConnell, Eric S. Saltzman, *Nature*,
6 mai 2019.

JOURNAL DE GUERRE ÉCOLOGIQUE

déclin de 10 % du phytoplancton dans l'Atlantique Nord depuis le début de l'ère industrielle, qui coïncide avec la hausse des températures à la surface des océans. Une eau plus chaude accentuerait l'effet de stratification, limitant les échanges de nutriments entre l'eau de surface et l'eau profonde, indispensables au développement du phytoplancton. Selon une autre étude[1] publiée neuf ans plus tôt, en 2010, le phytoplancton perd environ 1 % de sa masse chaque année au niveau mondial. Le tableau général est inquiétant. Si ce phénomène se confirme, les conséquences à long terme pourraient être dramatiques pour les écosystèmes marins et mettre en jeu la survie de l'espèce humaine. Rien de moins...

Mais pour l'instant, les chercheurs en savent assez peu sur la manière précise dont réagit le phytoplancton face au changement climatique. Ils manquent de données car les conditions extrêmes de l'Arctique rendent délicats les relevés *in situ*. Dans la zone de Bamsebu, aucune mission scientifique permanente ne s'est jamais installée en hiver. C'est pour combler ce manque que Hilde et Sunniva ont décidé de braver les dangers. « Tous les jours ou presque, nous prenons notre petite barque à moteur pour prélever de l'eau, explique Hilde. Puis, nous la filtrons afin d'extraire le phytoplancton, que nous mettons ensuite

---

1. « Global phytoplankton decline over the past century », Daniel G. Boyce, Marlon R. Lewis, Boris Worm, *Nature*, 29 juillet 2010.

86

dans un tube hermétique. Ces échantillons seront analysés dans quelques mois par des scientifiques, qui pourront connaître la composition et l'évolution du phytoplancton à cet endroit précis pendant neuf mois. Nous mesurons aussi l'opacité de l'eau avec un disque lesté, et nous notons tout religieusement. Cela permet de connaître la densité de phytoplancton. On scrute aussi la présence de microplastiques et la salinité. » Hilde et Sunniva ne sont pas des chercheuses. Elles mettent bénévolement leurs compétences d'exploratrices en milieu hostile au service de la science.

« Je suis admirative de leur engagement, déclare Heïdi. Nous, les scientifiques, on ne peut pas être partout et il y a tant à faire. C'est grâce à des citoyennes comme elles que nous allons pouvoir avancer plus vite, et mieux appréhender les bouleversements en cours. Savoir ce qu'il se passe précisément, c'est la première étape pour trouver des solutions. » Hilde fait fondre de la glace sur le poêle pour nous préparer un café. Leur ordinateur posé sur la table du salon est le seul lien avec l'extérieur. Grâce à une connexion par satellite, elles communiquent régulièrement avec des classes du monde entier pour les sensibiliser à la fragilité de l'Arctique. Qui de mieux placé pour transmettre le message que ces deux aventurières baignant dans la glace depuis leur jeunesse ? « Au cours des dix dernières années, j'ai vu d'énormes changements, dit Hilde. Quand je suis arrivée au Svalbard en 1995, c'était un climat désertique, très sec, avec un hiver froid et stable, et beaucoup de banquise. Maintenant,

JOURNAL DE GUERRE ÉCOLOGIQUE

tout est bouleversé ; nous avons moins de glace sur la mer mais davantage sur terre, car il y a plus d'eau venant du ciel qui gèle une fois au sol. On voit aussi de nouvelles espèces marines, habituellement plus au sud, et nous trouvons beaucoup de plastique amené par les courants. Ce qui nous intéresse, c'est le partage de connaissances. L'information est la clef. »

Midi. C'est le moment du départ. Nous devons regagner Longyearbyen avant la tempête en approche. J'aurais aimé passer plus de temps ici. Coupé du monde et des distractions superflues, connecté à cette nature silencieuse et brutale. « Nous sommes sur la ligne de front, mais tout le monde ne peut pas faire ça, confie Sunniva. Nous le faisons pour que d'autres n'aient pas à le faire. » La caméra tourne. Je lui demande quel message elle souhaite transmettre au monde, et en particulier aux jeunes générations. Sa gorge se serre. Elle laisse échapper quelques larmes. Hilde et Heïdi la prennent dans leurs bras. « Désolée, je suis émue, parce qu'on est là-dedans tous ensemble, poursuit-elle, la voix tremblante. Je sais que, chez les jeunes, il y a désormais ce qu'on appelle l'éco-anxiété. J'ai bientôt soixante ans, et c'est difficile d'entendre cela, de savoir que nous laissons un monde où des adolescents ressentent du désespoir et de l'impuissance face à la situation climatique. La meilleure réponse, c'est de s'engager, de tenter quelque chose. Nous avons besoin de tout le monde, que ce soit ici, par - 30 degrés au milieu des ours, ou dans les capitales européennes.

Posons-nous la question, dans chacun de nos gestes quotidiens ou dans notre parcours professionnel, de l'impact que nous pouvons avoir. Reconnectons-nous à l'essentiel, à ce qui nous permet de vivre sur cette planète. »

Ce discours prend toute sa force dans le décor de Bamsebu. L'essentiel est là. Dans cette glace qui régule notre climat et protège mon foyer des chaleurs infernales. Dans cet océan hébergeant le phytoplancton qui permettra à ma fille de respirer. Dans cette faune sauvage, capable de vivre en harmonie avec les hommes si nous lui laissons cette chance. J'enlace Hilde et Sunniva. Nous sommes les derniers êtres humains qu'elles voient avant quatre mois de nuit polaire. Dans quelques jours, l'obscurité enveloppera leur frêle cabane.

4.

Mer de sang

Îles Féroé, province autonome du Danemark

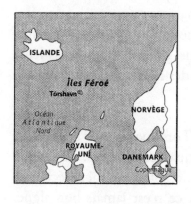

27 août 2019, 13 heures.
« Mais d'où vient toute cette flotte ? » Victor conduit et n'en revient pas. Assis sur le siège passager avant, j'observe le paysage qui défile. Je comprends mieux sa question. Des milliers de ruisseaux et de cascades dévalent le flanc vert des montagnes et terminent leur course dans l'océan. Comme si les sommets étaient d'immenses réservoirs, ouverts en permanence, à la capacité infinie. La Terre pleure dans un long sanglot ininterrompu.

Les îles Féroé sont de gros cailloux humides, couverts de mousse, battus par les vents, posés au milieu de l'Atlantique Nord. Une nature brute et minérale. Ici, l'homme se fait discret. Quelques routes étroites tiennent accrochées sur les pentes ruisselantes par on ne sait quel miracle. Les habitations, peu nombreuses, sont regroupées dans de petits villages endormis. Cinquante mille personnes à peine vivent sur cet archipel découvert par des moines irlandais entre le VIe et le VIIIe siècle. La vie y fut rude avant que le progrès technique et l'aviation *low cost* mettent Tórshavn, la capitale, à moins de deux heures de vol de Copenhague. Aujourd'hui, cette province appartient au royaume du Danemark mais jouit d'une importante autonomie et dispose d'un niveau de vie très élevé. Le revenu par habitant s'approche de celui de Monaco. Les exportations de poissons d'élevage, principalement de saumons, qui grouillent dans leurs enclos implantés au cœur des fjords, sont une activité économique rentable.

13 h 30. Nous sommes à Tórshavn depuis trois jours. Il ne pleut plus depuis quelques minutes. La brume se dissipe et des rayons de soleil viennent éclaircir les reliefs. Aux îles Féroé, ce n'est jamais bon signe. Le beau temps a la couleur du sang. Quand le vent tombe, l'océan devient moins hostile. L'absence de vagues et la luminosité rendent la navigation plus facile. Les bateaux peuvent donc sortir sans encombre, pour promener les touristes ou pour pêcher. Mais ici, aucun navire ne se contente de ces activités. À bord, il y a toujours une paire d'yeux disponible pour scruter l'horizon et ne pas les laisser passer. Malheur à eux s'ils s'aventurent trop près des côtes. Eux ? Vous les connaissez peut-être sous leur nom anglais : *pilot whales*. En français, « baleines pilotes » ou « dauphins globicéphales ».

Ces cétacés imposants qui mesurent trois à cinq mètres à l'âge adulte vivent en groupes de plusieurs dizaines d'individus, parfois plus d'une centaine. Leur tête est grosse et arrondie, pas de becs allongés comme chez la plupart des dauphins. Ils sont réputés pour leur sociabilité et leur solidarité extrêmes. Les globicéphales ne se séparent jamais. Un lien très fort les unit. Si les individus en première ligne se retrouvent en difficulté, le groupe reste soudé. Ces animaux ont aussi une curiosité et un goût particuliers pour les embarcations humaines.

Nice, France

20 août 2019, 6 heures. Juste avant mon départ pour les îles Féroé, j'ai passé deux jours en mer, au large de Nice, avec Guillaume Néry, double champion du monde d'apnée. Nous avons dormi à bord d'un petit bateau, à une cinquantaine de kilomètres des côtes. Nous voulions plonger avec les globicéphales, qui vivent aussi en Méditerranée. « Vous verrez, nous avait-on dit, c'est une expérience incroyable. » Le premier jour, nous ne les avons pas trouvés, malgré un partage d'informations par radio entre plusieurs bateaux présents sur zone. À l'aube de la deuxième journée, vers six heures du matin, alors que nous étions encore dans nos cabines, nous avons été réveillés par des souffles à proximité du navire. Ce sont eux qui sont venus à nous. En montant sur le pont, Guillaume et moi sommes tombés nez à nez avec cinq globicéphales, la tête à la surface, nous observant presque sans bouger. C'est un de leurs comportements caractéristiques. Ils se positionnent immobiles à la verticale dans l'eau, laissant dépasser leur évent – le trou qui leur permet de respirer –, la partie supérieure de leur bouche et leurs yeux, et attendent ainsi une éventuelle interaction avec les humains. Comme des chiens qui espèrent qu'on leur lance une balle en remuant la queue.

Après un moment suspendu, où nos regards d'hommes et de cétacés se sont longuement croisés, nous avons plongé. Pendant plus d'une heure, les globicéphales ont joué avec nous. Ils furent d'abord quelques-uns, puis une vingtaine, puis le double. Tout le groupe s'est réuni autour de nous. Avec douceur et grâce, ils ont tourné autour de nos frêles corps d'humains, passant de plus en plus près, jusqu'à s'immobiliser à quelques centimètres de nos visages. Je garderai toute ma vie le souvenir de cet instant. L'intensité de leur regard et leur calme m'ont marqué. Leur langage aussi. Car les globicéphales sont des cétacés très bavards. Ils communiquent en permanence avec des sons à très haute fréquence, dont certains sont perceptibles par les hommes. Sous l'eau, c'est un spectacle époustouflant, un orchestre symphonique.

Quand nous sommes remontés à bord pour reprendre des forces, le bateau a démarré ses moteurs et avancé doucement. Le groupe de globicéphales s'est alors positionné à la proue et nous a précédés, restant très près de la coque, jouant avec les vagues. C'est de là que vient leur nom de « baleine pilote » : ils adorent accompagner les navires et ne voient pas l'homme comme un danger. Grave erreur.

Îles Féroé, province autonome du Danemark

27 août 2019, 14 heures. Aux îles Féroé, cela fait des siècles que les habitants se servent de la confiance des globicéphales pour les massacrer. Cette tradition héritée des Vikings porte un nom : le *grindadrap*, ou « *grind* ». La traduction littérale de ce mot féroïen est « mise à mort des baleines ». Par beau temps, quand un navire repère un groupe de globicéphales à proximité des côtes, le capitaine passe un coup de fil au *whaling foreman*, le chef des chasseurs. C'est lui qui décide, ou non, de déclencher la chasse. Si les conditions météorologiques le permettent, la mobilisation générale est lancée. C'est le cas aujourd'hui. Au volant Victor accélère.

Lamya Essemlali, la présidente de Sea Shepherd France, vient de nous appeler pour nous alerter.

JOURNAL DE GUERRE ÉCOLOGIQUE

Elle est présente aux îles Féroé avec d'autres militants de son organisation pour s'opposer au massacre des globicéphales. « Ils sont en train de rabattre un groupe d'une centaine d'individus, me dit-elle. Il y a environ quinze bateaux, ils essayent de les emmener vers la baie de Vestmana. On a vu ça sur un site local qui donne des infos en temps réel sur le *grind*. Visiblement, ils n'ont pas encore assez de bateaux pour réussir, ils ont demandé du renfort. J'espère qu'ils n'arriveront pas à faire entrer les globis dans le fjord. Mais s'ils y arrivent, c'est là-bas que ça aura lieu. On se retrouve sur place. »

Encore trente minutes de route. Quand nous arrivons, environ deux cents personnes sont déjà présentes. Hommes, femmes, enfants, vieillards. Le *grindadrap* est une tradition qui fait presque l'unanimité aux îles Féroé. Dès qu'une chasse est annoncée, la nouvelle se propage à la vitesse de la lumière, et la population se rassemble sur la plage désignée par le chef des chasseurs.

Nous nous asseyons parmi la foule qui patiente. Les participants remarquent immédiatement notre présence. Ici, tout le monde se connaît. Deux inconnus, dont un équipé d'une caméra, ne passent pas inaperçus. On comprend rapidement qu'ils nous prennent pour des militants de Sea Shepherd. Les Féroïens ont plus l'habitude de voir débarquer des activistes que des journalistes. Et comme nous discutons avec Lamya, qui vient d'arriver, la confusion est facile. La jeune femme est très connue ici ; elle incarne depuis des années le combat anti-*grind* dans les médias. Les habitants ne l'apprécient guère – ils l'accusent de donner une mauvaise image de leur archipel – mais ne la prennent pas à partie et la laissent se déplacer librement.

Les chasseurs se préparent. Des hommes enfilent des combinaisons de plongée, des gants et des chaussures étanches. Ils aiguisent de longs couteaux traditionnels, qu'ils rangent ensuite dans des étuis en cuir. Certains sont équipés d'une nouvelle arme, plus moderne, une sorte de lance spécialement conçue pour sectionner la moelle épinière et les vertèbres des globicéphales.

Pendant ce temps, à l'entrée du fjord, les premiers rabatteurs ont reçu du renfort. Il y a désormais une trentaine de bateaux. Contrairement à la première phase de la chasse, il ne s'agit plus d'avancer tranquillement en espérant que les dauphins suivent de leur plein gré pour les amener du large vers la côte. Désormais, les embarcations forment un mur qui entoure les mammifères marins et les poussent dans la direction souhaitée en faisant le plus de bruit possible pour les effrayer. Le groupe de cétacés commence à paniquer et cherche logiquement à prendre de la distance. Je les vois apparaître à l'entrée de la baie. Les rabatteurs opèrent un virage, forçant les globicéphales à se diriger vers la plage. Il n'y a plus d'échappatoire. Derrière eux, les navires, leur mur d'hélices et leur vacarme terrifiant. Devant, le rivage.

J'entends les cris des chasseurs présents sur les bateaux, qui hurlent et tapent avec des bâtons sur les balustrades pour ajouter à la confusion des cétacés.

JOURNAL DE GUERRE ÉCOLOGIQUE

Les globicéphales approchent du sable, collés les uns aux autres, comme pour se rassurer. Ils sautent de plus en plus haut en dehors de l'eau, mais la profondeur diminue. Ils sont désormais à trente mètres de la plage. Les animaux de tête s'échouent en premier. C'est le moment choisi par le chef des chasseurs pour donner le signal. Ceux qui patientaient en bord de mer se ruent alors dans l'océan en courant et en hurlant. Après quelques secondes de progression avec de l'eau jusqu'à la taille, ils atteignent les animaux coincés. D'abord, ils enfoncent de gros crochets attachés à une corde dans l'évent des globicéphales. Puis, ils les tirent vers la plage. Vient ensuite le moment de l'exécution. Les hommes équipés de couteaux et de lances plantent leurs lames à l'arrière de la tête, ouvrant une plaie béante, pendant que d'autres personnes maintiennent les cétacés. Le sang jaillit.

Les dauphins se débattent, claquent la queue dans l'eau, bougent de toutes leurs forces pendant qu'on les achève. Je les entends gémir. Les sons qu'ils émettent sont assez similaires à ceux que j'ai entendus lors de ma plongée avec eux, mais ils n'ont pas la même résonance. Ils sont plus aigus. Je ne peux m'empêcher d'y déceler de la douleur. En quelques minutes, la mer devient rouge. Entièrement rouge. Une mer de sang. Les dauphins sont tués un par un. Mâles, femelles, bébés, aucun n'y échappe. Les derniers animaux attendent la mort en s'étouffant dans le sang de leurs semblables.

MER DE SANG

Selon Sea Shepherd, citant les travaux du vétérinaire féroïen Justines Olsen, le temps de mise à mort moyen d'un globicéphale est estimé à douze minutes. J'ai vécu beaucoup de moments difficiles au cours de ma carrière de reporter, mais j'ai du mal à supporter ce que je vois. Ces animaux si doux, si sociables, si gracieux, qui m'avaient réservé un accueil amical quelques jours auparavant, sont massacrés sous mes yeux. J'observe le visage des chasseurs qui enfoncent leurs couteaux dans les dauphins. J'y vois de l'exaltation, de la joie. Ils ressortent de l'eau recouverts de sang, le sourire aux lèvres.

Je tente des questions. À un jeune homme brun, barbu, je demande ce qu'il ressent en faisant ça. « Je ne vois pas la différence entre tuer un poulet et tuer un dauphin », me répond-il. « Quand je regarde ces animaux, je vois de la nourriture, de la bonne nourriture », ajoute un autre. Devant mon air déconfit, un homme d'une cinquantaine d'années, petite doudoune sans manches et bonnet sur la tête, tente de m'expliquer avec bienveillance : « C'est une tradition alimentaire des îles Féroé. Vous savez, une mise à mort, c'est une mise à mort. Oui, c'est difficile à regarder. Mais vous croyez qu'il se passe quoi dans vos abattoirs ? C'est la même chose. Ici, on le fait à découvert, en plein air, alors tout le monde peut le voir. » Cet argument reviendra dans tous mes échanges avec les Féroïens.

Au milieu de la cohue, je remarque une femme, habillée différemment des autres, avec des vêtements de sport, et qui ne semble pas comprendre ce que lui disent les autres participants. Elle aide à tirer une corde au bout de laquelle est accroché un globicéphale. Je m'approche pour lui parler en anglais. Elle répond... dans la langue de Molière :

« Je suis française, me dit-elle d'emblée.

— Mais qu'est-ce que vous faites là ?

— Je suis ici pour quelques semaines, j'aide à rénover une maison. Je suis là dans un but d'immersion culturelle, je voulais voir à quoi ressemblait un *grindadrap*...

— Vous faites plus qu'observer, vous participez !

— Oui...

— Ça ne vous fait rien de tuer ces dauphins ?

— Si... je vous avoue que j'ai des sentiments très partagés. »

Je la laisse à sa tâche et m'éloigne. Un peu plus loin, je tombe sur un touriste américain. Pourquoi participe-t-il à la tuerie ? « C'est *fun* », me répond-il. Cette réponse me désarçonne. Je ne vois que du sang et de la souffrance. Il voit du « *fun* ».

15 h 15. Sur l'une des extrémités de la plage, je croise une mère accompagnée de ses deux enfants de cinq et trois ans. Elle observe la scène avec attention. « C'est important pour moi de venir ici avec eux, pour qu'ils sachent comment ça marche et que nos traditions se perpétuent », me dit-elle fièrement. N'est-ce pas quand même trop violent pour des enfants ? Elle répond du tac au tac : « Vous pensez que c'est mieux de tuer des animaux dans les abattoirs à l'abri des regards ? » Je lui confie qu'étant végétarien je suis d'accord avec elle : en termes de souffrance, ce qu'il se passe dans nos abattoirs n'a rien à envier au *grindadrap*. Il y a tout de même une différence de taille. Les dauphins globicéphales sont protégés par la convention de Berne sur la conservation de la vie sauvage, signée par l'Union européenne et quarante-quatre autres pays. Le Danemark est signataire, mais pas les îles Féroé, du fait de leur statut autonome. L'archipel ne respecte pas non plus la convention internationale de Bonn, qui a pour objectif la protection et la gestion des espèces migratrices, dont les globicéphales font partie. Comme tous les cétacés du monde, ils sont aujourd'hui vulnérables. Échouages massifs, manque de nourriture lié à la surpêche et au changement climatique, collisions avec des bateaux, pollution… C'est pour cela qu'ils sont protégés, et que leur chasse est illégale dans presque tous les pays du monde. Problème : les scientifiques ne savent pas estimer précisément la population actuelle de globicéphales, et les rares pays qui pratiquent la chasse aux cétacés s'engouffrent dans cette brèche pour produire leurs propres chiffres et asséner que l'espèce n'est pas en danger.

À Tórshavn, deux jours auparavant, j'avais rencontré Pall Nolse, le porte-parole du ministère des Affaires étrangères féroïen. Voici notre échange :

« Le dauphin globicéphale est protégé par la convention de Berne. Pourquoi les îles Féroé continuent de le chasser ?

JOURNAL DE GUERRE ÉCOLOGIQUE

– La ratification danoise de la convention de Berne ne s'applique pas aux îles Féroé. Cette convention traite des espèces en danger, et le globicéphale n'est pas en danger.

– Donc l'Union européenne et les quarante-quatre autres pays qui ont décidé de protéger cette espèce et qui interdisent la chasse aux globicéphales se trompent ?

– Nos données scientifiques montrent que le dauphin globicéphale n'est pas une espèce en danger. Ils seraient environ huit cent mille.

– D'où viennent ces chiffres ?

– Ce sont des données de la Commission Nord-Atlantique des mammifères marins.

– Quels pays font partie de cette commission ?

– Les îles Féroé, la Norvège, l'Islande et le Groenland.

– Donc uniquement des pays qui pratiquent ou qui ont pratiqué la chasse aux cétacés ?

– Oui. »

Implacable. Pendant longtemps, la chasse aux dauphins fut nécessaire pour nourrir la population des îles Féroé. Le climat y est hostile. Impossible de cultiver en abondance. La viande de globicéphale a permis aux hommes de survivre sur ce bout de roche perdu au milieu de l'océan. Mais aujourd'hui, les supermarchés féroïens débordent de produits importés du monde entier. Du bœuf européen, des fruits exotiques, du riz asiatique, des tomates toute l'année, du poisson en quantité astronomique, et même du kangourou d'Australie ! Cela fait des lustres qu'il n'y a plus d'insécurité alimentaire dans ce riche archipel. Pourtant, la chasse aux globicéphales continue.

« La force de l'habitude », me dit Lamya. Environ huit cents cétacés sont tués chaque année pour être – en théorie – mangés, malgré les avertissements des médecins, qui déconseillent de consommer cette viande. Interdiction formelle d'en ingérer pour les enfants et les femmes enceintes. Les globicéphales se situant en haut de la chaîne alimentaire, ils stockent de nombreux polluants et métaux lourds dans leurs organismes. La graisse, les muscles et les organes présentent des taux élevés de mercure, de PCB (plastique dur) ou de cadmium. « Ce qui est sûr, c'est qu'ils tuent bien plus de dauphins qu'ils ne sont capables d'en manger », assène Lamya.

15 h 45. La tuerie est désormais terminée sur la plage de Vestmana. Sur le sable et dans l'eau, les cadavres des globicéphales forment des masses sombres, qui contrastent avec le rouge vif de leur sang. C'est à ce moment-là qu'un cri attire notre attention. Un jeune chasseur vient de repérer trois survivants, qui nagent frénétiquement à proximité de la côte. J'aperçois leurs nageoires dorsales. « On dirait une mère et deux juvéniles », commente Lamya. Un bateau piloté par des jeunes hommes à peine majeurs tente de les rabattre vers la plage, pour les tuer comme les autres. Le chef des chasseurs leur ordonne de cesser. Suffisamment de dauphins ont été saignés aujourd'hui.

JOURNAL DE GUERRE ÉCOLOGIQUE

Au bout d'une demi-heure, les trois survivants sont toujours là. Ils font des ronds dans l'eau et ne reprennent pas le large alors que rien ne les en empêche désormais. « C'est souvent comme ça quand il y a des survivants, soupire Lamya. Ils cherchent leur groupe, leur famille et restent des heures entières à proximité du massacre. Ce sont des animaux tellement sociaux qu'ils refusent d'abandonner les cadavres de leurs congénères. Cela me déchire le cœur. Ils finiront par repartir et, avec un peu de chance, un autre groupe de globicéphales les acceptera. »

Je me rends sur le port à proximité en compagnie des militants de Sea Shepherd. C'est ici que la centaine de globicéphales tués aujourd'hui vont être découpés. La viande sera partagée entre tous les participants à la chasse. Là encore, c'est un événement familial. Les cétacés sont sortis de l'eau avec des grues, traînés à l'aide de monte-charges, et alignés sur le béton. Ils sont mesurés, puis éventrés. Les enfants jouent à « saute-globi » en riant, les bottes dans une mare de sang. Aucune empathie n'est décelable vis-à-vis des animaux, même chez les plus jeunes. Je passe de cadavre en cadavre. Là, un gros mâle de plus de quatre mètres. Ici, un bébé de quelques semaines.

Un peu plus loin, une femelle gestante. Comme les autres, elle est éventrée, et l'on distingue un fœtus au milieu de ses intestins. « C'est une aberration écologique de tuer des groupes entiers, dont des juvéniles et des femelles sur le point de donner naissance, souffle Lamya. Tu imagines l'impact pour l'espèce de faire

104

disparaître autant d'individus d'un seul coup ? Sans parler de la souffrance immense de ces animaux très intelligents. » Son visage se crispe. Elle retient ses larmes. Deux autres militantes craquent et se prennent dans les bras. « Pourquoi vous pleurez ? leur lance un passant, moqueur. C'est la vie, ça ne sert à rien de vous mettre dans tous vos états ! »

Situation délicate pour les activistes de Sea Shepherd, habitués à l'action directe. « Vivre ce carnage aux premières loges en étant pieds et poings liés, c'est très difficile, lâche Lamya. Ce sentiment d'impuissance est horrible. Aujourd'hui, on ne peut rien faire d'autre que filmer, documenter cette situation pour alerter le monde entier. Jusqu'en 2015, nous avions des bateaux ici, et nous arrivions à perturber la chasse en guidant les globicéphales vers le large. C'était une mission efficace qui nous a permis de sauver des centaines d'animaux ! Mais les autorités locales n'ont pas supporté notre action. Elles ont créé une loi interdisant aux navires ne participant pas à la chasse de suivre le *grindadrap* et ont fait appel à la marine danoise. L'armée est intervenue pour nous empêcher d'agir. Nos bateaux ont été immobilisés, et ils ont arrêté plusieurs militants. Malgré toute notre détermination, on ne peut rien faire face à des militaires. En protégeant cette tradition barbare, le Danemark bafoue la convention de Berne dont il est pourtant signataire. C'est sur ce pays qu'il faut faire pression. L'opinion publique européenne doit demander au gouvernement danois de ne plus permettre les massacres de globicéphales, c'est la seule solution pour agir. Les Féroïens n'arrêteront pas cette tradition par eux-mêmes, ils continueront coûte que coûte. Mais s'ils ne sont plus protégés par l'armée, nous pourrons agir et sauver les dauphins. »

Une mobilisation massive est nécessaire pour faire évoluer la position du Danemark. Car le pays marche sur des œufs avec les îles Féroé. Une partie de la population locale a des envies d'indépendance, qui pourraient encore se renforcer si le grand frère danois lâchait le *grindadrap*. La solution viendra d'une pression populaire constante, incitant les responsables politiques européens à peser sur le Danemark.

18 heures. Au soir du massacre, nous rentrons à Tórshavn avec Lamya et ses camarades. Ils ont loué une maison le temps de leur mission. L'ambiance est pesante, on parle peu. Je suis chamboulé par la journée que je viens de vivre. J'ai besoin de partager, de témoigner.

Après avoir appelé ma compagne, je poste des photos sur les réseaux sociaux. Des milliers de personnes réagissent en quelques minutes. La plupart découvrent cette tradition. Elles sont horrifiées et me demandent comment agir depuis la France. Je réponds qu'elles peuvent soutenir Sea Shepherd, soit financièrement soit en s'engageant au sein de l'association, ou encore écrire à l'ambassade du Danemark pour protester. Il est aussi possible de demander aux députés européens qui nous représentent de se saisir de ce sujet et d'obtenir une inflexion du royaume danois. Cette vague de réactions et d'indignation me réconforte et me donne l'espoir qu'en continuant à dénoncer et à documenter le *grindadrap* il vacillera. Le lendemain, Victor et moi quittons les îles Féroé. La météo s'est à nouveau dégradée. Au moment du décollage, la pluie est de retour, le vent souffle, des vagues se forment. Aujourd'hui, les bateaux ne sortiront pas. Une journée de répit pour les globicéphales.

5.

Brèche dans la muraille verte

**Forêt de Montmain,
massif du Morvan, France**

2 juin 2020, 10 heures. Dans la forêt, elle avance doucement. Une canne dans chaque main. Un petit pas devant l'autre. Elle prend garde à ne pas buter sur les racines. Au début, on ne devait faire que « cinquante mètres, pas plus », car elle sort d'une lourde hospitalisation. Elle voulait juste nous montrer quelques-uns de ses arbres préférés. Mais elle n'a pas pu résister. Les cinquante mètres se sont transformés en cent, puis en deux cents, et cela

JOURNAL DE GUERRE ÉCOLOGIQUE

fait désormais vingt minutes que nous nous enfonçons au milieu de la végétation. Elle, c'est Lucienne Haese, bientôt quatre-vingts ans. Tout le monde l'appelle par son surnom : Lulu du Morvan. Elle incarne le long combat des habitants de la région pour sauver leur forêt.

Le Morvan est un massif montagneux de basse altitude situé à cheval sur les départements de la Côte-d'Or, de la Nièvre, de la Saône-et-Loire et de l'Yonne. Ici, la forêt naturelle est constituée de feuillus : chênes, hêtres, bouleaux, charmes ou encore châtaigniers. Je constate cette diversité par un simple coup d'œil autour de moi, et Lulu est la meilleure guide qui soit. « Tu sais comment différencier la feuille d'un hêtre de celle d'un charme ? me lance-t-elle en souriant. La feuille du hêtre a des poils tout autour, celle du charme a des dents. Rappelle-toi cette phrase comme moyen mnémotechnique : "Le charme d'Adam, c'est d'être à poil." » Lulu rit, puis pointe un vieux chêne avec sa canne. « Je veux que mes cendres soient dispersées au pied de son tronc, ajoute-t-elle. Il est tellement beau. »

On sent que la vieille dame est ici chez elle. La sérénité de cette forêt me gagne rapidement. Le souffle du vent dans les feuilles, le bruit sourd de nos pas sur le tapis de mousse, les odeurs d'écorces et de fleurs qui s'entremêlent, les mille nuances de vert qui apaisent nos yeux… Mon corps se détend. « Nous venons des arbres, me dit Lulu. C'est ancré en nous. On n'est pas faits pour vivre sur du béton. » Il suffit d'observer des enfants jouer en forêt pour comprendre qu'elle a

110

raison. Même des petits citadins ont instinctivement envie d'explorer et trouvent vite leurs repères. Lulu, elle, est née ici, au nord d'Autun, à la lisière de la forêt de Montmain.

Cette forêt, c'est celle de son enfance. « Ma famille n'était pas riche. Mes vacances, je les passais dans les bois. Quand je me suis mariée, à vingt-trois ans, j'ai quitté la région pour m'installer à Paris avec mon mari. Mais les arbres nous manquaient trop, alors on est revenus dans le Morvan quinze ans plus tard, à la fin des années 1970. C'est là que j'ai vu ce qu'ils étaient en train de faire à nos forêts... Du jour au lendemain, des parcelles entières étaient rasées ! Ils coupaient les chênes et les hêtres pour planter des sapins douglas à la place. Que du sapin, partout, et rien d'autre ! C'était le début de la catastrophe qu'on connaît aujourd'hui. »

11 heures. Cette catastrophe porte un nom : l'enrésinement. Ce terme désigne le remplacement des arbres feuillus par des arbres résineux, essentiellement du sapin de Douglas, originaire d'Amérique du Nord. Ce phénomène a vu le jour de manière marginale au milieu du XIXᵉ siècle dans quelques forêts privées du Morvan. Puis, dans les années 1960, l'État a subventionné la plantation d'arbres à pousse rapide. Ce fut le top départ d'un grand bouleversement. Des pans entiers de vieille forêt ont été détruits pour permettre la création de parcelles de douglas. Une seule motivation : le profit. Les douglas sont beaucoup plus rentables que les feuillus pour un propriétaire forestier, parce qu'ils arrivent plus vite à maturité que les chênes, hêtres ou châtaigniers. Ils peuvent être coupés et vendus autour de leur quarantième année. Pour un chêne ou un hêtre, c'est au moins le double, voire le triple !

Les douglas sont aussi exploités en monoculture : il n'y a aucune autre essence d'arbre dans leurs parcelles, donc pas de concurrence naturelle. Plantés en lignes et à espaces réguliers, les résineux poussent droit et offrent ainsi un tronc plus facilement exploitable par l'industrie du bois. Leur « récolte » est rapide, car elle peut se faire à l'aide d'abatteuses, d'énormes machines ressemblant à des bulldozers équipés d'un bras mécanique et de scies ultrapuissantes. Avec elles, les meilleurs opérateurs parviennent à couper et à débiter un arbre par minute ! Surtout, les plantations de douglas bénéficient encore aujourd'hui de subventions publiques et d'allégements fiscaux. Rentabilité garantie !

Cette course à l'or vert pousse un nombre croissant de propriétaires forestiers à sacrifier leurs forêts naturelles au profit des résineux[1]. Alors qu'au milieu des années 1970 seul un quart des surfaces boisées du Morvan étaient concernées, le taux d'enrésinement a dépassé les 50 % en 2003. Plus de la moitié des vieilles forêts naturelles ont été remplacées par des douglas

---

1. Dans le Morvan, 85 % des forêts sont détenues par des propriétaires privés.

BRÈCHE DANS LA MURAILLE VERTE

destinés à l'exploitation forestière. C'est cette ligne rouge qui a convaincu Lulu de changer de mode d'action. Après des années de manifestations et de pétitions restées sans effet, elle fut à l'origine de la création du Groupement forestier pour la sauvegarde des feuillus du Morvan (GFSFM). Objectif de cette entité ? Acheter des parcelles de forêts pour les préserver. La forêt de Montmain, si chère à Lulu, fut la première acquise par le GFSFM en décembre 2003, en collaboration avec la commune d'Autun et le Conservatoire des espaces naturels bourguignon. 270 hectares au total, dont trente-deux appartenant au groupement de Lulu et ses amis. « L'ancien propriétaire de la forêt était la Fondation de France, qui avait décidé de la vendre au plus offrant, se rappelle-t-elle. Si on n'avait pas agi vite en s'alliant avec la mairie et le conservatoire, c'est sans aucun doute un investisseur privé qui l'aurait achetée pour la transformer en monoculture de douglas. Je ne pouvais pas laisser faire ça. Tu te rends compte, Hugo ? Tout ce que tu vois aurait disparu. Ces hêtres, ces chênes multicentenaires et toutes ces autres essences d'arbres ne seraient plus là. Il n'y aurait que des résineux alignés dans le silence. Plus de beaux feuillus, plus de végétation luxuriante, plus de biodiversité, plus d'oiseaux. Et puis, tous les quarante ans, ils auraient tout coupé d'un coup, détruisant la faune, la flore et même le sol avec leurs grosses machines. »

11 h 30. La forêt de Montmain fut la première d'une longue liste de victoires pour Lulu. Aujourd'hui, son

113

JOURNAL DE GUERRE ÉCOLOGIQUE

groupement, qui rassemble plus de cinq cents associés, est propriétaire de dix-sept forêts dans le Morvan, pour un total d'environ 300 hectares. « Au-delà de leur protection, nous voulons montrer qu'il est possible d'exploiter la forêt sans la raser », souligne Lulu. Car l'objectif du GFSFM n'est pas de mettre les arbres sous cloche. Des bûcherons travaillent sur les parcelles du groupement et prélèvent chênes, hêtres ou châtaigniers au coup par coup, en les sélectionnant avec soin pour faire du bois d'œuvre utilisé ensuite dans la fabrication de charpentes, de meubles ou d'objets divers. Pas question de couper toute une zone d'un seul coup. « Par exemple, on va bientôt prélever cet arbre parce qu'il est arrivé à maturité et prive ses voisins de lumière, m'explique Lulu en pointant un chêne. Mais on ne touchera pas aux autres autour de lui, qui profiteront de son absence pour s'étendre. On fait aussi attention à laisser de vieux arbres mourir sur pied, car ils servent d'abris et de garde-manger pour les oiseaux. C'est ça la gestion responsable d'une forêt. Les coupes rases sur plusieurs hectares sont un non-sens écologique ! »

Quarante ans après le début de son combat, la colère de Lulu n'est pas retombée. Elle a cependant passé le flambeau de la lutte à une nouvelle génération. Sylvain Angeran, quarante et un ans, en fait partie. Cheveux courts bruns, petites lunettes rondes, cet ingénieur forestier de formation dirige l'association Canopée, qui se bat pour protéger les forêts françaises. Il embrasse Lulu et improvise un cours d'écologie. « L'écosystème

BRÈCHE DANS LA MURAILLE VERTE

forestier est complexe et fascinant, débute-t-il. On y trouve de nombreuses essences d'arbres et différents étages de végétation interconnectés. Au pied des grands arbres, il y a les jeunes pousses de régénération et le tapis forestier. Pour grandir, les arbres se nourrissent du sol. Lorsqu'ils meurent, c'est l'inverse : ils enrichissent à leur tour le sol en se décomposant. Une forêt en bonne santé, c'est le bordel ! Il doit y avoir de vieux arbres tordus, de la végétation et des branches cassées un peu partout. » Dans une plantation de douglas, c'est l'inverse. Sylvain veut que nous le constations de nos propres yeux.

15 heures. Nous sommes à peine à vingt minutes en voiture de la forêt de Montmain. Pourtant, le contraste est saisissant. Devant nous, l'une des nombreuses plantations de douglas du Morvan. Nous y pénétrons. La première chose qui me frappe, c'est le silence. On entend quelques oiseaux, certes, mais leurs chants viennent de l'extérieur de la parcelle. Pas d'insectes visibles non plus. Ici, tout est « propre » : le sol est recouvert d'épines séchées. Pas de végétation luxuriante, d'herbes folles ou de petits arbustes. Aucune diversité. Une seule essence règne ici en maître absolu : le douglas. Les sapins sont plantés à espaces réguliers et font tous la même taille. « Ils doivent avoir une cinquantaine d'années, ils sont donc à maturité et ne devraient pas tarder à être coupés », précise Sylvain. Les monocultures de douglas ressemblent plus à des champs de maïs qu'à des forêts. On plante pour

115

couper. Puis on replante. Sans respecter ni la biodiversité animale et végétale ni le rythme lent des forêts naturelles de feuillus.

Nous marchons quelques centaines de mètres. À l'ombre des douglas, même en plein après-midi, il fait sombre. Au loin, la luminosité semble plus forte. « Tu vas te rendre compte du massacre, m'annonce Sylvain. Nous allons sur une coupe rase. » Nous sortons de la plantation et arrivons sur ce qui ressemble à une immense clairière. Je n'en crois pas mes yeux. « Ici, avant, il y avait une belle forêt diversifiée avec de nombreuses essences de feuillus, m'explique Sylvain. Ils ont tout rasé d'un seul coup. » C'est un champ de bataille où le carnage vient de prendre fin. J'ai l'impression d'arriver juste après un bombardement qui n'aurait laissé aucun survivant. Il règne un silence de mort. La forêt a été amputée. À vue d'œil, l'équivalent d'une dizaine de terrains de foot a disparu. Les chênes et les hêtres centenaires n'ont eu aucune chance face aux machines. « Ça leur a pris quelques jours, tout au plus », souffle Sylvain. Le sol est labouré, retourné par les roues des machines. D'énormes souches témoignent encore du désastre. Je me penche sur celle d'un chêne. Comme un enfant, je compte le nombre de cernes. Il avait plus de deux cents ans. « Vu l'aspect de la souche, il était en parfaite santé », constate Sylvain. Ce genre de coupes rases se multiplient dans le Morvan. Il est difficile de les localiser avec précision car elles ont souvent lieu en plein milieu de la forêt. Je n'imaginais pas de telles scènes en France. Ce que je vois me rappelle les images terribles de déforestation en Amazonie, avec d'immenses zones détruites en quelques jours.

16 h 30. Impossible de ne pas se sentir mal à l'aise au milieu d'une coupe rase. Le spectacle d'une forêt ravagée plonge n'importe quel être humain doté d'un minimum d'empathie dans une profonde tristesse. Ces coupes sont pourtant présentées comme une activité « responsable » sur le plan environnemental. L'argument de la filière bois semble imparable : certes, on coupe toute une parcelle, mais on replante derrière ! Effectivement, quand on regarde les chiffres, la surface forestière ne diminue pas dans le Morvan. Au contraire, elle augmente. Les vieilles forêts naturelles sont peu à peu détruites et remplacées par des monocultures : c'est une déforestation invisible sur le plan statistique. Imperceptible aussi à l'œil nu pour un néophyte. « Vu de l'extérieur, pour quelqu'un qui ne s'y connaît pas, une monoculture de douglas ressemble beaucoup à une forêt, peste Sylvain. La plupart des gens pensent que si on coupe un arbre et qu'on en replante un après, quel qu'il soit, tout va bien. Tant qu'ils voient des arbres à travers la vitre de leur voiture, ils se disent qu'il n'y a pas de problème. L'industrie du bois surfe sur cette méconnaissance pour continuer son business. »

Les coupes rases sont un désastre écologique. D'abord, parce qu'elles détruisent l'habitat des animaux qui peuplent la forêt. Les terriers des blaireaux et des renards deviennent impraticables. Les oiseaux n'ont plus d'abris. Du point de vue climatique, il s'agit également d'une catastrophe. « On est entré dans une logique productiviste, on ne laisse plus vieillir les arbres, déplore Sylvain. En France, 80 % des arbres ont moins de cent ans, alors qu'une forêt n'atteint son optimum écologique qu'au-delà des cinq cents ans ! »

Pour comprendre le problème, il faut rappeler le rôle crucial que jouent les arbres. En grandissant, ils absorbent du CO_2. Ce carbone s'accumule dans leurs troncs, leurs branches, leurs racines et le sol. Ils permettent ainsi à notre climat de ne pas se réchauffer trop vite car ils pompent une partie du CO_2 rejeté en excès par les activités humaines. « Les travaux scientifiques les plus récents ont montré que les forêts âgées de plusieurs siècles continuent d'absorber du carbone », précise Sylvain. Pour faire simple : plus une forêt est vieille, plus elle stocke une quantité de carbone importante. Quand les arbres meurent d'eux-mêmes et se décomposent dans la forêt, ils relâchent dans l'atmosphère une partie du carbone qu'ils ont stocké au cours de leur vie, une autre partie restant prisonnière du sol. Voilà pour le cycle naturel.

Maintenant, que se passe-t-il quand l'homme intervient ? Première option : on gère la forêt de manière raisonnée, en coupant les arbres au cas par cas, sans détruire des parcelles entières, et le bois est essentiellement utilisé pour fabriquer des meubles, des charpentes ou des objets. Dans ce cas, le carbone stocké dans le sol forestier reste là où il est, et celui présent

BRÈCHE DANS LA MURAILLE VERTE

dans le bois n'est libéré qu'à la destruction du produit fabriqué. Il s'agit là d'une gestion responsable, avec un impact climatique relativement faible. Deuxième option, celle qui prend de l'ampleur dans le Morvan : on pratique des coupes rases en détruisant des forêts entières et en retournant le sol avec de grosses machines dans l'objectif de fournir, entre autres, du bois-énergie, c'est-à-dire du bois qui sera brûlé pour produire de l'électricité ou de la chaleur. Là, tout le carbone stocké par les arbres, qu'il soit dans le bois ou dans le sol, est libéré dans l'atmosphère. Impact climatique désastreux. Pourtant, le « bois-énergie » est aujourd'hui considéré comme une énergie renouvelable, bénéficiant à ce titre d'importantes subventions publiques. L'Office national des forêts (ONF) écrit ainsi dans un document promotionnel : « L'utilisation du bois comme source d'énergie est neutre vis-à-vis du carbone, car les émissions de CO_2 liées à la combustion du bois sont compensées par la croissance des arbres dans les forêts gérées de manière durable, ce qui est le cas en France. » Ce raisonnement a le don de révolter Sylvain. « Dire qu'on peut brûler un arbre car on en plante un autre derrière, c'est une aberration, s'emporte-t-il. Il faut plusieurs dizaines, voire plusieurs centaines d'années, pour qu'un arbre ou une forêt retrouve le stock de carbone d'avant la coupe. Or, nous faisons face à une urgence climatique qui nous impose de réduire drastiquement nos émissions dès maintenant ! On doit absolument préserver les puits de carbone que sont les vieilles forêts dans les années qui viennent. »

La communauté scientifique abonde dans le sens de Sylvain. Dans une lettre ouverte adressée en juillet 2018 à la Commission européenne, plus de sept cents chercheurs de renom alertent : « L'utilisation du bois récolté et brûlé aura pour effet immédiat d'augmenter le carbone dans l'atmosphère et de participer au réchauffement climatique pendant des décennies, voire des siècles, avant que les forêts ne se régénèrent et recapturent le CO_2. »

Pour défendre leur activité, les partisans du bois-énergie mettent en avant un effet de substitution : brûler du bois permettrait de brûler moins de charbon, de fioul ou de gaz. Mais ils omettent de dire que pour produire la même quantité d'énergie, le bois dégage plus de CO_2 que les combustibles fossiles. « Le bois est le plus mauvais des combustibles usuels : pouvoir calorifique le plus faible, quantité de gaz à effet de serre émise par unité d'énergie rendue la plus élevée », écrit dans un article[1] le professeur Philippe Leturcq, ancien du CNRS. Malgré ces multiples alertes du monde scientifique, l'Europe et la France continuent d'encourager le développement du bois-énergie et plus généralement l'exploitation forestière. Le gouvernement envisage ainsi une hausse de la récolte de bois de 72,9 % d'ici à 2050 dans notre

_____

1. « La neutralité carbone du bois-énergie : un concept trompeur ? », Philippe Leturcq, Inist, CNRS, 2011.

pays. Pendant ce temps, les vieilles forêts du Morvan reculent.

17 heures. Nous traversons la coupe rase de part en part pour rejoindre une route forestière. D'immenses tas de troncs d'arbres sont disposés sur le bas-côté. Des chênes, des hêtres, des charmes… Tous peuplaient la forêt dévastée que l'on vient d'observer. Ils seront bientôt chargés dans des camions, direction des scieries pour les plus beaux et des usines à papier ou des centrales à biomasse pour les autres. Quatre lettres sont inscrites à la bombe de peinture sur certains : « PEFC ». J'interroge Sylvain sur la signification de ce sigle. « PEFC, c'est un label mondial de certification, qui est censé garantir que le bois provient de forêts gérées durablement, explique-t-il. En fait, ça ne veut rien dire du tout. On le voit bien ici, ces arbres issus d'une coupe rase de plusieurs hectares sont labellisés PEFC. Les entreprises ou les particuliers qui vont acheter ce bois penseront, à tort, qu'il a été prélevé d'une manière respectueuse de l'environnement. On voit bien la réalité… Pour PEFC, raser une parcelle entière de feuillus, c'est durable tant qu'il y a une plantation derrière. » Dans le Morvan, la révolte gronde. Sylvain et des centaines d'habitants de la région ont décidé de passer à l'action pour dénoncer l'hypocrisie de l'industrie forestière et lever le voile sur ses secrets. Une opération coup-de-poing est prévue dans deux jours.

Cosne-Cours-sur-Loire, Nièvre, France

4 juin 2020, 8 heures. Sylvain nous a donné rendez-vous sur le parking d'une zone industrielle. Nous sommes à environ une heure de route du parc naturel du Morvan. Une cinquantaine de militants ont répondu présents. Ils sont équipés de banderoles au slogan simple et limpide : « Stop aux coupes rases ». Jean-Luc, la cinquantaine, est en charge de l'organisation. C'est un ancien militaire, qui a combattu en ex-Yougoslavie et en Afghanistan. Il vit désormais dans une petite maison perdue au milieu des arbres et est témoin des destructions causées par les exploitants forestiers. « Quand je combattais pour la France les armes à la main, j'étais dans la légalité, se souvient-il. Pourtant, je n'arrivais pas toujours à trouver du sens dans ce que je faisais. Aujourd'hui, je participe à des actions illégales, mais je sais pourquoi je le fais. » Il me désigne la cible du doigt. Elle se trouve à une centaine de mètres à peine du lieu de rendez-vous. Il s'agit de l'usine Biosyl, qui fabrique des granulés de bois destinés au chauffage. Nous faisons décoller notre drone pour voir le site depuis le ciel. Il est immense. Autour des machines qui transforment les arbres en granulés se trouvent de gigantesques tas de troncs qui attendent leur tour. À en croire son site internet, l'entreprise fabrique « des granulés de bois » à partir de « résidus de la forêt », de « déchets de scierie », et d'« arbres abattus de qualité insuffisante pour la construction ». L'objectif de l'opération de ce matin est de prouver

que ce discours ne correspond pas à la réalité. « Selon
nos informations, Biosyl utilise également des chênes
multicentenaires issus de coupes rases, m'indique
Sylvain. Le seul moyen de le prouver, c'est d'aller
voir nous-mêmes, en forçant l'entrée. »

Visiblement, les gendarmes ont été mis au courant de l'action. Une voiture stationne devant l'entrée
principale de l'usine. Les militants se divisent donc en
deux groupes : le premier fera diversion, pendant que
le second entrera sur le site par l'arrière en se faufilant
à travers un trou dans le grillage. J'accompagnerai
Sylvain et la deuxième équipe. Au moment de donner le top départ, une autre voiture de gendarmerie
déboule et se dirige vers nous. Les activistes se mettent
à courir et, en moins d'une minute, parviennent à
entrer dans le périmètre de l'usine. Les gendarmes
arrivent quelques secondes plus tard, mais ils ne sont
que trois. Pas assez nombreux pour expulser les militants. Sylvain me fait signe de le suivre. Nous nous
faufilons le long des troncs. L'ingénieur forestier de
formation ne met pas longtemps à trouver ce qu'il est
venu chercher. Devant nous, un tas de chênes coupés.

8 h 20. Sylvain ausculte le bois. Les troncs sont imposants, certains dépassent 1,5 mètre de diamètre. « Ce
n'est pas possible, répète-t-il plusieurs fois en soupirant. Ces chênes avaient au moins deux cents ans.
On voit aussi qu'ils étaient en bonne santé, il n'y a
aucune altération du bois. » Il prend des photos, sous
tous les angles. Voilà la preuve qui lui manquait !

JOURNAL DE GUERRE ÉCOLOGIQUE

« Cette usine prétend n'utiliser que des résidus de bois pour fabriquer ses granulés, reprend Sylvain. Et là, on trouve quoi ? De vieux chênes imposants. En brûlant, ils vont relâcher des centaines d'années de carbone stocké, alors qu'on aurait pu en faire des meubles ou les laisser vivre dans la forêt ! C'est incompréhensible. » La colère gagne Sylvain, qui peine à garder son calme quand les gendarmes lui demandent de quitter les lieux. Les militants parlementent pour gagner du temps et permettre aux photographes de prendre un maximum de clichés. Mission accomplie. Les équipes se regroupent devant l'entrée principale de l'usine. Je demande l'autorisation d'entrer pour rencontrer le directeur du site. Ce dernier accepte. C'est un homme timide d'une quarantaine d'années qui semble très nerveux. Je le rassure et lui explique l'importance d'apporter une réponse au problème soulevé par Sylvain et ses amis. Clément et Victor allument leurs caméras. L'interview peut commencer.

« Pourquoi des chênes de deux cents ans sont-ils présents sur votre site alors que vous êtes censés n'utiliser que des "résidus de bois" ?

— Je ne sais pas, ils doivent être malades et non valorisables autrement.

— Selon les militants, ces arbres étaient pourtant en bonne santé. D'où viennent-ils ?

— Je ne sais pas.

— Vous ne connaissez pas la provenance du bois que vous achetez ?

– Pas exactement, non. Je sais qu'ils viennent d'un rayon de cent kilomètres et qu'ils sont labellisés PEFC.

– C'est très large… Et nous avons constaté de nos propres yeux que des arbres issus de coupes rases de plusieurs hectares sont labellisés PEFC.

– Écoutez, je suis un industriel. Je fais confiance aux labels, je ne vais pas vérifier moi-même sur le terrain. Ce que je peux vous dire avec certitude, c'est que si ces arbres se retrouvent ici, c'est qu'ils n'ont pas de valeur ailleurs que chez nous. »

Cette remarque est révélatrice du rapport que l'industrie du bois entretient avec les forêts. La « valeur » accordée aux arbres est avant tout économique. S'ils sont beaux et que leur fût est bien droit, ils seront vendus comme bois d'œuvre aux scieries, à un prix élevé. En revanche, s'ils poussent en taillis ou qu'ils sont tortueux, moins élancés, moins imposants, alors « ils n'ont pas de valeur » et sont considérés comme des « résidus » pouvant être brûlés. La valeur écologique des arbres n'est, elle, jamais prise en compte. Les feuillus catégorisés « de faible qualité » par l'industrie ont pourtant une valeur inestimable pour l'écosystème auquel ils appartiennent et pour nous, humains, qui bénéficions de leur capacité à stocker le carbone accumulé au fil des années. « Si c'est pour les couper et les brûler, autant les laisser tranquilles dans leur forêt, tonne Sylvain. Même morts, ils auront un rôle essentiel à jouer. »

Malheureusement, ce bon sens va à l'encontre des intérêts financiers des entreprises forestières. Les coupes rases de parcelles jugées « sans valeur », alimentant le marché en bois-énergie, permettent de financer les travaux forestiers nécessaires à la création de plantations de douglas qui sont, rappelons-le, beaucoup plus rentables. Sur un site internet de promotion du bois-énergie[1], on trouve ce conseil à destination des propriétaires de forêts : « Dans le cas de taillis non exploités, une coupe rase (avec orientation des bois vers l'énergie) suivie d'une conversion en peuplement productif permet la mise en valeur des parcelles. » Puis, les auteurs ajoutent : « Lors d'une coupe rase dans un peuplement résineux, les volumes récoltés sont de l'ordre de 300 à 400 mètres cubes par hectare. Pour une futaie feuillue, la coupe fournit 50 à 100 mètres cubes par hectare. » Traduisons : Chers propriétaires forestiers, si vous voulez gagner de l'argent, rasez les forêts et vendez le bois aux centrales à biomasse puis, à la place, plantez des monocultures d'arbres résineux qui, certes, n'auront qu'un faible intérêt en termes de biodiversité, mais qui vous rapporteront bien plus que les feuillus d'origine.

Un tel cynisme peut être décourageant. Cependant, l'espoir subsiste. Dans le Morvan, ils sont aujourd'hui des milliers à se mobiliser autour de Lulu, Sylvain ou Jean-Luc. Ils acquièrent des forêts, organisent des actions, s'opposent aux coupes rases et alertent l'opinion publique.

---

1. biomasse-normandie.fr, site internet de l'association de promotion du bois-énergie « Biomasse Normandie ».

En quittant la région, nous croisons deux hommes âgés en train d'attacher une banderole sur un panneau routier. « Nos forêts partent en fumée », peut-on y lire. « En passant une seule journée dans les bois, on sait au plus profond de nous-mêmes qu'on ne peut pas vivre sans les arbres, me dit l'un des deux comparses. Moi, j'ai passé ma vie ici. Alors je peux vous dire que je défendrai la forêt jusqu'à ma mort. Et je me sens de moins en moins seul. »

6.

LA RÉSISTANCE S'ORGANISE

L'Étoile, Jura, France

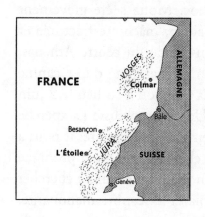

21 novembre 2019, 10 h 30. Gilles entre dans l'enclos, le fusil à air comprimé en main. Lorane le suit de près. Mona se réfugie sur le point le plus haut de son habitat temporaire, une petite plateforme en bois. Elle fixe les deux humains qui s'approchent et adopte une position défensive, prête à combattre en dernier recours. Elle préférerait la fuite. Les lynx préfèrent toujours la fuite. Mais là, c'est impossible. Le face-à-face ne dure pas longtemps. Gilles le sait, ce genre de situation

JOURNAL DE GUERRE ÉCOLOGIQUE

provoque un stress intense chez l'animal et il faut agir le plus vite possible. Un pas de plus vers Mona. Elle tente un bond depuis sa plateforme pour se réfugier dans un autre coin de l'enclos. Heureusement, Gilles, cinquante-cinq ans, est bon tireur. Il appuie sur la détente. La flèche touche sa cible. Les deux humains rebroussent chemin. Il faut attendre quelques minutes avant que le puissant somnifère ne fasse effet.

Mona est une miraculée, sauvée de justesse par Gilles et Lorane. Ce couple est à la tête du centre Athénas, une structure de soin pour la faune sauvage installée dans le Jura. La femelle lynx a été victime d'une collision routière. Elle était enceinte, ses bébés n'ont pas survécu au choc. Mona a été gravement blessée : traumatisme crânien, mâchoire fracturée et une canine arrachée. Sans l'aide du centre Athénas, elle était condamnée. Un lynx amputé d'une canine ne peut plus chasser. « La collision a eu lieu le 2 juin dernier, raconte Gilles. Un automobiliste l'a aperçue sur le bord de la route, en grande difficulté. Il nous a appelés et on est allés la chercher. On lui a prodigué les premiers soins d'urgence et on s'est mis à chercher une solution pour remplacer sa canine manquante. C'était la condition *sine qua non* pour pouvoir la relâcher car les lynx tuent leurs proies en les étranglant au niveau du cou avec leurs dents. » Après cinq mois de repos dans un enclos, une opération inédite a été pratiquée sur Mona. Une dentiste et des vétérinaires ont travaillé ensemble pour lui installer une prothèse

LA RÉSISTANCE S'ORGANISE

à la place de son ancienne canine. La dent bionique a été installée il y a dix jours.

Mona est désormais fin prête pour retrouver son habitat naturel : les forêts du Jura. C'est dans cette région que vit l'immense majorité des cent vingt lynx français. Les autres, peu nombreux, peuplent les Alpes et les Vosges. Avant de faire la connaissance de Gilles, je ne savais pas que cette espèce mystérieuse existait toujours dans notre pays. « Le lynx est un prédateur indispensable dans le Jura, me dit-il. Il est au sommet de la chaîne alimentaire et permet de réguler les populations de chevreuils. C'est un animal très discret, élusif. Il fera tout son possible pour éviter le contact avec l'homme. Il chasse la nuit et se repose dans des endroits inaccessibles de la forêt durant la journée. Malheureusement, cela ne suffit pas à éviter les personnes malintentionnées. » Le nombre de lynx adultes en France n'a quasiment pas varié depuis vingt ans. La mortalité est telle que la naissance de jeunes ne permet que le remplacement des adultes morts. « La situation serait rassurante si l'aire de présence était en croissance, avec une augmentation des effectifs jusqu'à deux cent cinquante adultes dans des massifs autres que le Jura », précise Gilles. On en est loin aujourd'hui. Le lynx est même en sursis. Sa population est si faible que la mort d'un seul individu suffit à fragiliser l'espèce. Et dans les montagnes du Jura, des tueurs rôdent.

131

11 heures. Mona s'est écroulée, assommée par le somnifère. Gilles et Lorane pénètrent dans l'enclos pour la saisir et la transporter vers la table de soin. Ils vérifient une dernière fois sa canine bionique et ses constantes vitales. Rien à signaler, elle est en parfaite santé, prête à retrouver la liberté. Gilles attache un collier autour du cou de l'animal endormi. Équipé d'un émetteur, il permettra de suivre à distance les déplacements de Mona. « C'est indispensable pour savoir si elle arrive à se réapproprier son territoire, et c'est aussi une sorte d'assurance vie, précise Lorane. Abattre un lynx équipé d'un collier GPS, c'est plus risqué, car on se rendra immédiatement compte qu'elle ne bouge plus et on pourra donner l'alerte… » Mona s'apprête à reprendre sa vie de lynx sauvage, mais son parcours sera semé d'embûches. Elle devra éviter les voitures et les balles. Certains chasseurs n'hésiteront pas à tirer s'ils croisent sa route. Je monte dans la camionnette avec Gilles, direction le site de relâcher, situé en lisière de forêt. « Dans la région, une partie des chasseurs sont hostiles à l'espèce, car ils voient le lynx comme un concurrent, dit-il en soupirant. Un individu adulte telle que Mona peut tuer un chevreuil par semaine. C'est relativement peu et cela permet de réguler naturellement le gibier mais, pour certains chasseurs, c'est insupportable. Ils se sentent dépossédés de leur rôle par un super prédateur et préfèrent donc l'éliminer. » Le lynx est une espèce protégée, il est interdit de le tuer. Pourtant, les actes de braconnage se multiplient ces dernières années.

LA RÉSISTANCE S'ORGANISE

En ce moment, le centre Athénas accueille sept lynx, dont trois jeunes orphelins retrouvés affamés à différents endroits du Jura. « Les femelles lynx n'abandonnent pas leurs petits, souligne Gilles. Quand on trouve des orphelins sans localiser les mères, c'est qu'elles ont été tuées illégalement et que les coupables ont fait disparaître les corps. »

Depuis l'ouverture du centre en 1987, Gilles et Lorane ont recueilli et soigné soixante-quatre lynx. De nombreux moments de bonheur. Beaucoup de drames aussi. En 2014, le téléphone sonne. Au bout du fil, un promeneur croit avoir aperçu un lynx dans un buisson au fond d'un ravin. Gilles se rend sur place. Il découvre le corps d'un mâle adulte, tué par balle et jeté là par le tueur. En 2017, nouvelle épreuve. L'équipe du centre Athénas tente d'endormir un lynx errant gravement blessé pour le soigner. Malheureusement, il meurt pendant le trajet. L'autopsie révèle une hémorragie généralisée liée à la présence de nombreux plombs de chasse dans le corps. Impossible de connaître le nombre exact de victimes. Les meurtres ont lieu en forêt, à l'abri des regards, et les coupables ne sont jamais retrouvés, à deux exceptions près. En 2011, un Jurassien, ancien président d'une association de chasse, est condamné à deux mois de prison avec sursis et 1 500 euros d'amende pour avoir tué un lynx. Une peine clémente quand on sait que la « destruction » d'un lynx – c'est le terme juridique – est officiellement passible de trois ans d'emprisonnement et de 150 000 euros d'amende. L'impunité est quasi totale.

Certains braconniers continuent donc à s'en donner à cœur joie.

En 2017, un autre chasseur de la région est jugé pour un fait similaire. Il écope de 600 euros d'amende mais conserve son permis de chasse. En appel, il est relaxé après un vice de procédure. Les gendarmes l'avaient enregistré à son insu. Un après-midi de printemps, je pars à sa rencontre dans son village, perdu dans la forêt. Le sexagénaire, torse nu et cigarette à la bouche, n'est pas ravi de nous voir. Il accepte cependant de répondre à quelques questions. « Mes chiens se sont fait attaquer par le lynx, jure-t-il. J'ai tiré pour les défendre, mais ce n'est pas moi qui l'ai tué, c'est quelqu'un d'autre qui m'a balancé pour se protéger. » Hypothèse farfelue. Aucune attaque de lynx sur des chiens n'a jamais été recensée. Très vite, l'homme devient plus bavard. Il s'emporte : « Nous, quand on fait une erreur de tir, les gardes nous mettent des amendes. Le lynx, lui, il mange un chevreuil par semaine, et personne ne lui fait rien ! À ce compte-là, quand il y en a trop, ils ont qu'à les éliminer ! »

Cette hostilité envers le lynx s'affiche ouvertement dans le village. Un autre habitant, ancien chasseur, m'explique qu'il a vu cette « sale bête » deux fois en vingt ans. Sale bête ? « Oui, ça bouffe tout ! Les chevreuils, les moutons… C'est une saloperie. » Le lynx s'en prend bien à quelques moutons dans la région, mais le nombre d'attaques est très faible – moins de cent par an, rien à voir avec le loup – et

LA RÉSISTANCE S'ORGANISE

les éleveurs sont systématiquement indemnisés par l'État. Les populations de chevreuils du Jura, elles, se portent bien, y compris dans les zones où vit le lynx. « Cet animal ne déséquilibre absolument pas l'écosystème, il joue simplement son rôle de prédateur », me confirme Antoine Derieux, directeur régional de l'Office français de la biodiversité (OFB)[1], la police de l'environnement. La haine du lynx a quelque chose d'irrationnel. C'est ce qui la rend si difficile à combattre.

14 h 30. Dans la cage installée à l'arrière de la camionnette, Mona s'est réveillée. Elle grogne et s'impatiente. Tout est prêt. Une vingtaine de personnes est rassemblée pour assister au relâcher. Des soutiens de l'association, l'homme qui a découvert Mona en bord de route et des agents de l'OFB, chargés de surveiller l'opération. Gilles et Lorane ont installé des palissades qui forment un corridor vers la forêt. J'aide Gilles à transporter Mona de la camionnette à la lisière de la forêt. Nous posons la cage au milieu des palissades, tournée vers les arbres. Le site se trouve à l'extrémité du territoire qu'occupait Mona avant son accident. Elle va donc se retrouver en terrain connu après six mois de soins en captivité. « T'es prêt ? Ça va aller vite ! », m'interpelle Gilles en riant.

---

1. Office français de la biodiversité, ancien ONCFS, Office national de la chasse et de la faune sauvage, c'est la police de l'environnement.

Au loin, une détonation résonne. Puis une autre. Son visage se fait soudain plus grave. Il remarque mon air surpris. « Oui, c'est bien ce que tu penses, il y a une chasse en cours pas loin d'ici », me confirme-t-il. Ces tirs ne se mettront pas en travers de la liberté de Mona. En tout cas, pas aujourd'hui. Gilles ouvre la cage. L'assemblée se fige en silence. Dix secondes s'écoulent. Puis, comme un éclair, Mona surgit de sa cage et fonce vers la forêt. À peine le temps de prendre une photo furtive et elle disparaît au milieu des arbres. Gilles fond en larmes. Lorane le réconforte. L'instant est fort et je dois aussi contenir mon émotion. C'est l'aboutissement de longs mois de travail. « La voir partir aussi vite, aussi déterminée, ça montre qu'elle était prête, dit Gilles. C'est toujours très émouvant de pouvoir leur redonner leur liberté. D'un côté, on s'attache à eux et, de l'autre, on fait tout pour qu'ils restent sauvages, qu'ils ne s'habituent pas à nous. J'espère que ça se passera bien pour elle, qu'elle rencontrera un mâle et qu'elle fera perdurer l'espèce. » Gilles et Lorane ont remporté une bataille aujourd'hui. La guerre sera longue. Au loin, les détonations ont repris de plus belle.

Paris, France

22 janvier 2020, 17 heures. Mon téléphone sonne. C'est Gilles. « Salut, Hugo, j'ai des nouvelles de Mona, on reçoit plein de données grâce à son collier

LA RÉSISTANCE S'ORGANISE

émetteur. Elle s'est bien réapproprié son territoire. Elle se déplace beaucoup la nuit pour chasser, on a déjà trouvé plusieurs cadavres de chevreuils en allant sur ses traces. Visiblement, la canine bionique fonctionne très bien ! » Presque trois mois se sont écoulés. C'est une réintroduction réussie. Une femelle lynx qui n'avait aucune chance de survie après son accident a retrouvé son rôle de super prédateur grâce à Gilles et à Lorane. Malheureusement, le combattant du Jura n'a pas que de bonnes nouvelles à m'annoncer. Je sens sa voix changer. « Ils ont tué un lynx en Alsace », annonce-t-il. L'animal a été retrouvé il y a une semaine sur la commune de Fellering, dans le Haut-Rhin, mais l'information n'avait pas fuité jusqu'à aujourd'hui. Une autopsie a été pratiquée, révélant la cause de la mort : une balle. Je raccroche. Le lynx doit encore se trouver dans le laboratoire, je veux aller constater cela de mes yeux et récolter un maximum d'informations. Axel, un journaliste de mon équipe, parvient à contacter en urgence la vétérinaire qui a réalisé l'autopsie. Le rendez-vous est fixé dans deux jours, à Colmar.

Colmar, Alsace, France

24 janvier 2020, 10 heures. La directrice du laboratoire vétérinaire départemental nous accueille. C'est une petite dame aux cheveux courts d'une cinquantaine d'années, accompagnée d'une assistante spécialisée dans les autopsies. Des animaux morts, elles en ont vu un paquet. « Des vaches, des chats, des chiens, des lamas, des abeilles… Oui, on peut autopsier des abeilles », s'amuse la chef. Les lynx, c'est beaucoup plus rare. Il faut dire que, selon les estimations, trois à cinq individus à peine vivent aujourd'hui dans le massif des Vosges. Chaque mort est donc un drame et l'espèce est à deux doigts de disparaître à nouveau de la région. Jusqu'au xve siècle, le lynx était pourtant présent sur l'ensemble du territoire français, en montagne comme en plaine. Le déboisement et la chasse l'ont poussé à se replier progressivement vers les reliefs, avant d'être totalement éliminé à partir du xviie siècle. Il faut attendre les années 1970 pour que le lynx refasse son apparition dans le Jura, après des relâchers en Suisse. Dans les Vosges, l'animal revient en effectif ultra réduit en 1983 grâce à un programme de réintroduction.

Trente-sept ans plus tard, me voici face à ce qui était l'un des rares survivants de la région, posé sur une table d'autopsie. « C'est un très bel animal, un mâle adulte de vingt-deux kilos, mais difficile de lui donner un âge exact, commente la vétérinaire. Il était en bonne santé, à l'exception d'une légère gale qui lui a fait perdre ses poils au niveau du flanc. Il était en bon état musculaire et il venait de manger au moment de sa mort puisqu'on a retrouvé de la viande dans son estomac. Le décès est dû à une balle qui est entrée entre les deux yeux et qui a provoqué des dégâts très importants. » Elle me désigne le trou causé par le projectile dans la peau et le crâne de

LA RÉSISTANCE S'ORGANISE

l'animal. Le tireur a visé la tête. L'intention de tuer ne fait aucun doute. « Il s'agit d'une balle d'assez gros calibre qui peut être utilisée pour la chasse, ajoute la vétérinaire. Je ne peux pas vous donner plus de détails, car une enquête est ouverte. » Elle n'en pense pas moins. Je pars téléphoner dans le couloir. Clément, lui, continue de filmer la dépouille du lynx. La directrice du laboratoire entame alors une discussion avec son assistante :

« C'est triste, il est beau.

— Je suis désespérée de la race humaine.

— Oui, il y a de quoi.

— Franchement, quand on pense à tous ces chevreuils qui meurent de vieillesse, on peut bien en laisser quelques-uns pour le lynx.

— Les chasseurs ne sont pas d'accord…

— Certains sont favorables au lynx tout de même.

— Oui, ils ne sont pas tous contre. »

À mon retour dans la pièce, je demande à la directrice du laboratoire comment elle se sent. « On met nos émotions de côté pour faire un travail objectif, autant que possible, me répond-elle. C'est navrant d'intervenir sur ce genre de cas, mais on contribue à notre niveau en apportant des preuves et des éléments qui permettent de déterminer la vérité. » C'est le deuxième lynx tué par balle qui arrive sur sa table d'autopsie. La première fois, c'était il y a plus de quinze ans. « Il y a aussi des lynx tués sans qu'on le sache », glisse-t-elle en nous raccompagnant vers la sortie. Dans ce cas précis, le tueur sera-t-il un jour condamné ? Rien n'est moins sûr. Cependant, la résistance s'organise. L'association alsacienne Sauvegarde Faune Sauvage a promis une récompense de 2 000 euros à toute personne qui donnerait une information susceptible d'identifier le coupable. Il faut bien cela pour délier certaines langues.

L'Étoile, Jura, France

4 mars 2020, 9 heures. Je suis heureux de retrouver Gilles et Lorane. Nous allons partir en forêt sur les traces de Mona, qui se porte toujours comme un charme selon les données GPS et les caméras-pièges installées dans son territoire. Avant cela, il faut nourrir les nombreux animaux hébergés au centre Athénas. La plupart sont de passage, le temps de guérir leurs blessures. D'autres ne retrouveront jamais la liberté. C'est le cas d'un couple de lynx de Sibérie, des cousins du lynx boréal qui peuplent nos montagnes. « Ils ont été saisis à des particuliers dans le cadre d'une procédure judiciaire, m'explique Gilles. Ils étaient détenus illégalement dans un garage en Seine-Saint-Denis, tous les deux enfermés dans une petite cage. La justice nous les a confiés. Nous ne pouvons pas les relâcher en France car ce n'est pas leur habitat naturel. Ils sont âgés, donc ils finiront probablement leur vie ici. » Leur enclos est grand, aménagé, et les deux animaux ne sont en contact avec des humains qu'une fois par jour, au moment

LA RÉSISTANCE S'ORGANISE

du repas. Ils sont certainement plus tranquilles ici que dans un zoo.

Depuis son ouverture, le centre Athénas a accueilli trente-cinq mille pensionnaires, dont 80 % d'oiseaux blessés. Buses, faucons, vautours, milans et aigles royaux... Les volières de Gilles sont remplies de rapaces en convalescence. C'est l'heure des soins pour une chouette effraie, victime d'une collision routière, apportée ici par l'un des nombreux correspondants locaux du centre. Ses blessures sont désinfectées, son aile bandée. Dernière tâche avant de partir en forêt : relâcher un milan royal, magnifique rapace victime de plombs de chasse. Je le saisis par les pattes. Gilles me donne les consignes. Il faut tendre le bras et desserrer progressivement les doigts. L'oiseau est imposant, mais calme. Il prend son envol après quelques secondes. Victime des humains, sauvé par des humains. Gilles et Lorane font partie de ceux qui compensent l'impact négatif de notre espèce. En France, il existe quatre autres centres de soins d'importance similaire et une quarantaine de structures plus petites. La plupart vivent grâce aux dons de particuliers, au moins en partie. Ils sont des remparts indispensables pour préserver ce qu'il reste de biodiversité.

14 h 30. Je gare la voiture sur le bord d'une petite route au cœur de la forêt. « Les données GPS indiquent que, cette nuit, Mona a passé plusieurs heures immobile à un endroit précis en lisière de végétation, explique

JOURNAL DE GUERRE ÉCOLOGIQUE

Gilles. Cela veut probablement dire qu'elle a tué une proie et qu'elle est ensuite restée sur place pour la consommer. Elle a bougé à l'aube, pour retourner dans une zone de repos plus difficilement accessible. » Nous empruntons une piste forestière accidentée qui nous mène au cœur du territoire de Mona. Sur notre gauche, un flanc de la montagne est mis à nu. Plus aucune végétation.

Gilles a les yeux rivés sur son GPS. Nous progressons à bons pas. À la forêt succèdent des crêtes pelées et des prairies. Les tracés des déplacements de Mona montrent qu'elle se rapproche régulièrement des villages, parfois à moins de cent mètres. De nuit, évidemment. Précisons qu'aucun lynx n'a jamais attaqué un être humain. « La proie doit être là-bas, dans ce petit bois en bordure de champ », suppose Gilles. Nous y pénétrons. Il faut désormais fouiller les buissons et regarder derrière chaque arbre. Le GPS n'est pas précis au mètre près et les lynx ont tendance à dissimuler leurs proies. « Il est là ! », s'écrie Lorane. Il s'agit d'un petit chevreuil, la gorge entaillée par la canine bionique de Mona et l'arrière d'une cuisse en partie mangé. « Il a été tué la nuit dernière, analyse Gilles. On est dans une situation assez caractéristique. Le chevreuil était probablement en train de brouter dans le champ. Mona a dû se poster à la lisière du bois et l'attaquer lorsqu'il est revenu vers les arbres. Les lynx sont très rapides mais peu endurants, ils doivent agir par surprise. Après l'avoir étouffée, Mona a tiré sa proie dans la végétation et a commencé à la

142

manger. Mais, tu vois, elle n'en a consommé qu'un petit morceau. Elle va revenir ici chaque nuit pendant environ une semaine pour se nourrir. Puis elle repartira en chasse. Le lynx est le meilleur régulateur de son écosystème, bien plus efficace que les chasseurs. Et lorsqu'il est présent dans une zone, les chevreuils sont plus prudents, donc plus difficiles à tirer. C'est pour cela que certains d'entre eux ne supportent pas sa présence. »

Dans certains pays d'Afrique, le braconnage permet à des hommes de se nourrir ou d'augmenter leur niveau de vie. Chez nous, il s'agit simplement de soigner l'ego blessé de quelques chasseurs. Gilles installe des caméras-pièges autour du chevreuil, qui se déclencheront au moindre mouvement détecté. Objectif : savoir si Mona se déplace seule ou accompagnée. Nous sommes en plein dans la période de reproduction. Si les images montraient la femelle aux côtés d'un mâle, cela voudrait dire que de petits lynx pourraient pointer le bout de leur nez dans quelques mois. Un renfort qui tomberait à point nommé pour compenser les vies volées par les fusils.

20 mars 2020, midi. Une pandémie paralyse la planète et endeuille des milliers de familles. La France est confinée depuis trois jours, touchée comme les autres pays par le coronavirus. Personne n'avait anticipé cette situation. Le système qu'on pensait si solide vacille sous nos yeux. Colosse aux pieds d'argile, ébranlé par un fléau inconnu venu de Chine.

Des scientifiques émettent l'hypothèse d'un virus de chauve-souris, qui aurait pu contaminer l'homme en transitant par le pangolin, mammifère insectivore d'Afrique et d'Asie menacé de disparition, décimé par le braconnage et vendu sur le marché de Wuhan pour sa chair et ses écailles. Tout cela ne serait pas arrivé si l'humain avait laissé cet animal là où il devait être, faire ce qu'il devait faire : manger paisiblement des termites et des fourmis, assurant un rôle primordial dans l'écosystème. Le comportement de notre espèce est, encore une fois, responsable de la catastrophe qui nous frappe. En matière d'autodestruction, nous sommes toujours sur la plus haute marche du podium.

Tirerons-nous les leçons de cette crise historique ? Ce 20 mars 2020, en épluchant les journaux qui racontent le drame en cours, je suis plutôt confiant. Nos comportements vont changer. Nous apprendrons. Nous bifurquerons vers un modèle plus vertueux et, surtout, plus viable. Il suffit d'observer le monde qui nous entoure ! En quelques semaines à peine de confinement, les autres espèces respirent déjà un peu mieux. Les chevreuils n'ont plus peur de se montrer la journée, en l'absence de voitures, chasseurs, promeneurs ou ramasseurs de champignons. Résultat : les lynx, habituellement actifs la nuit pour traquer leurs proies, développent eux aussi des activités diurnes.

Mon enthousiasme est douché par un texto de Gilles, reçu à 12 h 01 : « Salut, Hugo, j'ai malheureusement un scoop qui pue : destruction de lynx

LA RÉSISTANCE S'ORGANISE

dans le Jura. Rien n'est sorti, l'OFB et la DREAL[1] semblent vouloir la jouer mutique. On s'appelle quand tu veux. » Une question me traverse l'esprit : est-ce Mona ? Gilles me rassure, ce n'est pas elle. Il m'envoie trois photos, sur lesquelles on voit le cadavre d'une femelle lynx éventrée, allongée sur un tas de cailloux. Sur un plan serré de sa tête, on aperçoit ses canines. Pas de dent bionique. « Clichés pris par ceux qui ont découvert le corps », précise Gilles. Je le contacte aussitôt. La vie de ce résistant est ponctuée de victoires et de défaites mais sa détermination semble constante en toute circonstance. Je suis étonné par sa voix calme au bout du fil. Les photos m'ont fendu le cœur. Lui reste concentré, mettant ses émotions de côté pour préparer le plan de bataille. La femelle a été trouvée sur la commune d'Ivrey le 17 mars, par des enfants qui jouaient. Le cadavre reposait sur des éboulis en contrebas d'une route. Il était « frais », la mort remontant donc à peu de temps. Avant de me contacter, Gilles a pu mener sa petite enquête : « Vu la localisation du corps, c'est quasi certain qu'il a été balancé volontairement depuis la route. J'ai eu un agent de l'OFB au téléphone, ils se sont rendus sur place pour faire leurs constatations. Il n'a pas voulu me donner plus de précisions, mais s'il s'agissait d'une collision routière, il me l'aurait dit. » Pour le moment, les services de l'État se murent dans le silence. Aucune

---

1. Direction régionale de l'environnement, de l'aménagement et du logement. Service dépendant des préfectures.

communication officielle. Selon Gilles, qui a de nombreux contacts dans les administrations, une autopsie a été pratiquée par le laboratoire départemental d'analyse du Jura. Je les appelle. On me passe le directeur : « Désolé, je ne peux rien vous dire. »

17 heures. Qu'importe le confinement et la crise sanitaire, Gilles ne compte pas laisser l'État étouffer l'affaire. Un lynx est mort et la vérité doit éclater. Nouvel appel. « J'ai une info, m'indique-t-il. De façon officieuse, un employé de l'OFB a dit à un témoin fiable qu'il s'agissait d'une mort par balle. Ce témoin me l'a rapporté. Je vais communiquer sur le site du centre Athénas et sur les réseaux sociaux. On va parler d'une "mort suspecte" dans un premier temps et lancer un appel à témoignage. » La coalition Rewild, un regroupement d'associations de défense des animaux, dont le centre Athénas fait partie, propose une récompense de 5 000 euros pour accompagner l'initiative de Gilles et diffuse un mot clef sur internet : #balancetonbraco. La machine est lancée. J'ai envie de les aider mais, par prudence journalistique, je décide de patienter avant de partager sur mes réseaux.

25 mars 2020, 15 h 30. L'opération du centre Athénas semble fonctionner. Des témoignages commencent à affluer, désignant une famille de chasseurs de la région, « des fous de la gâchette », et des éleveurs de moutons. Du côté des administrations, le silence est toujours de mise mais la vigilance se relâche. Message de Gilles : « J'ai l'aveu d'une personne de la Direction régionale de l'environnement, il s'agit bien d'un tir. Elle m'a écrit un mail sur un autre sujet mais elle évoque à la fin la *"destruction"* du lynx trouvé à Ivrey. Ce terme ne trompe pas, il n'est utilisé que lors d'un tir volontaire. » Je lui demande de me transférer le mail. Ce nouvel élément couplé à plusieurs témoignages officieux de sources fiables achèvent de me convaincre : je vais relayer l'information sur les réseaux sociaux pour inciter les autorités à dire la vérité. Juste avant, j'appelle le service de presse de l'OFB ainsi que la préfecture du Jura. Une nouvelle fois, je me heurte au silence officiel. « On vous rappellera », me dit-on.

Je publie les photos du cadavre du lynx sur Instagram et Facebook, avec un texte dénonçant l'acte de braconnage. La publication est abondamment relayée. Plusieurs chasseurs jurassiens commentent en s'indignant. L'un d'entre eux, nommé Thibaut, m'écrit en privé : « C'est mon voisin qui a informé les autorités pour le lynx et il pensait plutôt à une collision avec une voiture ou un camion donc avant de dire que c'est un chasseur pour faire le buzz et qu'une bande de pseudo-écolos sans cervelle commente ton statut, renseigne-toi. » Je suis sûr de mes informations et j'ai toute confiance en Gilles. Il n'y a plus qu'à attendre.

26 mars 2020, 16 h 03. Une notification s'affiche sur l'écran d'accueil de mon téléphone. Je viens de recevoir un email. Expéditeur : l'OFB. « Bonjour, vous trouverez ci-joint un communiqué de presse diffusé par la préfecture du Jura. » Je l'ouvre. Ça y est. Sous la pression, l'État sort du bois, dix jours après la découverte du cadavre. Le titre du communiqué est très clair : « Un lynx tué dans le Jura : il s'agit d'une destruction illégale ». Le texte précise : « Une équipe de l'OFB s'est rendue sur place. Il a été constaté que ce lynx a été tué par une arme à feu. Il s'agit d'un délit qui porte une atteinte grave à la biodiversité. L'État met en œuvre ses moyens et ses équipes pour contribuer à l'enquête afin d'identifier le ou les responsables de cet acte condamnable. » Le ton est ferme. Pour une fois, les autorités semblent montrer les muscles face aux tueurs de lynx. Le tireur d'Ivrey sera peut-être un jour identifié grâce à la ténacité du centre Athénas même si, pour l'instant, aucun des témoignages recueillis ne permet de faire aboutir la procédure. « La clef de cette guerre, c'est que les langues se délient dans la population, particulièrement dans le milieu de la chasse, assure Gilles. Certains chasseurs rejettent le braconnage et veulent laisser une place pour le lynx. Ces gens-là doivent parler haut et fort et dénoncer ceux qui enfreignent la loi et menacent une espèce protégée. Ne rien dire, c'est cautionner. Nous, on fait notre possible pour soigner et réintroduire ces animaux, mais on ne peut pas être derrière chaque lynx pour les protéger contre les balles. »

24 mai 2020, midi. Gilles attendait cet instant depuis des mois. « Je n'arrive pas à redescendre, je suis sur

LA RÉSISTANCE S'ORGANISE

mon nuage ! », m'écrit-il par SMS. Depuis quelques jours, les données GPS montrent que Mona ne bouge plus. Elle stationne jour et nuit au même endroit. Au centre Athénas, on s'est d'abord inquiété, imaginant le pire. Mais si la femelle lynx est immobile, c'est pour une bonne raison… Elle vient de donner naissance à deux petits ! On les aperçoit nettement sur les images enregistrées par une caméra-piège. Comme l'espérait Gilles, elle a donc bien rencontré un mâle au début du printemps. Au téléphone, il contient difficilement son émotion : « Tu te rends compte ? Je découvre ça le jour de l'anniversaire de ma fille, qui fête sa première année ! Quel merveilleux cadeau ! Mona est venue mettre bas près de l'endroit où elle avait été percutée par une voiture. À l'époque, elle était sur le point d'accoucher mais ses bébés n'avaient pas survécu au choc. C'est une magnifique source d'espoir qu'elle ait pu se réadapter et se reproduire. Ça prouve qu'on ne travaille pas pour rien. »

Des moments comme celui-ci sont indispensables pour entretenir la motivation de Gilles et de Lorane qui soignent, recueillent, enquêtent, alertent et informent. Dans les petits villages, ils organisent des conférences sur le lynx, afin de familiariser les habitants à cet animal et les inciter à s'engager pour sa protection. Indispensable pour peser dans le débat public. Car, en face, la fédération de chasse du Jura mène un intense lobbying pour obtenir le droit de « réguler » les populations de lynx. Dans le langage des chasseurs, ce terme se traduit souvent par « tuer de manière légale ». En 2005, Christian Lagalice, président de la fédération régionale, écrit dans *Le Chasseur jurassien* : « Le lynx doit-il rester une espèce intouchable ? La régulation sera, à un moment ou à un autre, à considérer. » Il réaffirme cette position régulièrement. « Nous savons le problème de prédation causé par cet animal et l'exaspération qu'il provoque chez les chasseurs », écrit-il dans une lettre à ses adhérents en 2011. Cette même année, dans le journal *Le Progrès*, il insiste : « La population de lynx n'a pas besoin d'être sauvée ni renforcée. On veut obtenir la gestion du lynx. » Plus récemment, dans un document datant de 2019[1], les chasseurs écrivent noir sur blanc leur objectif pour les cinq ans à venir : « Œuvrer pour adapter le statut de protection des grands prédateurs au regard des effectifs présents sur le terrain et de leurs impacts sur la faune sauvage et domestique. » Autrement dit, ce n'est pas parce que le lynx est une espèce protégée qu'elle doit le rester. La fédération de chasse précise, sans ciller : « Les enjeux sont multiples, mais celui qui est le plus fondamental est de pérenniser la pratique de la chasse puisqu'elle est conditionnée par la présence et l'abondance des espèces de gibiers sur nos territoires. Il convient d'accepter qu'une espèce, quelle qu'elle soit, puisse avoir un statut évolutif selon ses effectifs, ses impacts… et d'accepter surtout

---

1. Schéma départemental de gestion cynégétique pour le Jura, 2019-2025.

LA RÉSISTANCE S'ORGANISE

le principe de régulation. » Difficile d'être plus clair. Les chasseurs estiment que le lynx concurrence les humains en tuant d'autres animaux, notamment des chevreuils, et souhaitent faire « évoluer le statut » de l'espèce pour qu'elle puisse être « régulée ». Aucun élément scientifique ne vient appuyer cette demande et l'importance du lynx dans l'écosystème jurassien n'est absolument pas prise en compte. Seule importe l'envie de continuer à se faire plaisir en chassant facilement le gibier, sans concurrent naturel. Ce document pourrait prêter à sourire si le préfet du Jura ne l'avait pas validé par arrêté le... 12 juillet 2019.

« Le préfet n'a absolument pas le pouvoir de modifier la législation concernant le lynx, fulmine Gilles. La gestion de cette espèce n'est pas décentralisée et relève de la compétence directe du ministère. Cependant, en soutenant les revendications des chasseurs, le préfet ouvre la porte à tous les débordements. Les braconniers peuvent se sentir libres d'abattre les lynx en se disant que la préfecture pense comme eux. C'est catastrophique. » Le centre Athénas a lancé un recours gracieux pour faire annuler cet arrêté, en vain pour l'instant. Et les chasseurs n'ont pas l'intention d'en rester là. Pour prouver que les félins ont un impact significatif sur la population de gibiers, la fédération de chasse du Jura propose un programme de capture massif visant à équiper 10 % des lynx français d'émetteurs GPS. À la différence de ceux posés par Gilles, ces colliers ne serviraient pas à étudier les prédateurs et à s'assurer de leur bonne santé. Au contraire, leurs données seraient exploitées pour démontrer l'impact du lynx sur les populations de gibiers et convaincre l'État d'accepter une « régulation » de l'espèce. « Nous ne voulons pas les tuer, mais simplement pouvoir en déplacer quelques-uns s'ils posent un problème dans certaines zones », m'a juré Christian Lagalice lors d'un entretien. Gilles n'en croit pas un mot : « Ce projet à des fins purement cynégétiques, dont toute action de conservation est absente et jugé dangereux pour l'espèce, a reçu à deux reprises le veto du Conseil national de protection de la nature. Pourtant, les services de l'État cherchent à l'imposer, passant outre l'avis des scientifiques. »

Le combat sera long. Le centre Athénas acceptera l'aide, financière ou physique, de tout nouveau soldat. Dans cette guerre pour sauver le lynx, Gilles et Lorane montent chaque jour au front. Pour eux, ni honneurs ni reconnaissance officielle. Leurs seules médailles ont quatre pattes, de belles canines, une vue perçante et du poil au bout des oreilles. Elles se cachent dans les montagnes du Jura et valent bien plus que n'importe quelle récompense.

7.

EN PREMIÈRE LIGNE

Paris, France

26 décembre 2019, 20 heures. L'Australie est en flammes depuis plusieurs semaines. Les images font le tour du monde et la une des journaux. Des centaines d'habitants ont perdu leurs maisons, des milliers d'autres ont dû être évacués en urgence et des millions d'animaux sont morts. Koalas carbonisés, kangourous brûlés vifs… Des espèces endémiques et un écosystème unique au monde partent en fumée. Les pompiers sont débordés. Au total, les incendies de cette saison hors du commun ont détruit 20 % des forêts australiennes selon deux études publiées dans la revue *Nature Climate Change*, contre seulement 2 % lors d'une année ordinaire. Au moins 5,8 millions d'hectares ont brûlé, soit plus de deux fois la superficie de la Région Bretagne. Un rapport conduit par

JOURNAL DE GUERRE ÉCOLOGIQUE

l'université de Melbourne estime que les feux ont été inhabituellement violents à cause d'un climat propice à l'embrasement : beaucoup de vent, très peu de pluie et des températures extrêmes. Le thermomètre est monté jusqu'à 44 degrés à Canberra, un niveau historiquement élevé, et a atteint 48,9 degrés à Penrith.

Depuis 2017, une sécheresse très rude frappe l'Australie. Les scientifiques ont enregistré douze saisons consécutives au cours desquelles les précipitations étaient situées en dessous de la moyenne, un record depuis 1900. Les chercheurs sont unanimes : le changement climatique favorise l'émergence d'incendies extrêmes. L'Australie subit aujourd'hui de plein fouet les conséquences des activités humaines les plus polluantes, auxquelles elle participe à grande échelle. L'île continent est en effet le premier exportateur mondial de charbon[1]. Ce minerai, extrait de la terre par les hommes depuis des siècles et brûlé pour produire de l'énergie, est l'un des principaux responsables du bouleversement climatique. Sur les 32,8 milliards de tonnes de CO_2 émises par l'utilisation des énergies fossiles en 2017, le charbon était responsable de 44,2 % de ce total, contre 34,6 % pour le pétrole et 20,5 % pour le gaz naturel[2].

---

1. L'Australie a exporté 249,4 millions de tonnes de charbon en 2018, soit 29 % du total des exportations mondiales de ce minerai, selon un rapport statistique du géant pétrolier BP. En termes de production globale de charbon, le pays se classe cinquième derrière la Chine, les États-Unis, l'Indonésie et l'Inde.

2. « Co2 emissions from fuel combustion », International Energy Agency, 2019.

Pourtant, ce 26 décembre 2019, en pleine crise, Scott Morrison, le très conservateur Premier ministre australien, reste droit dans ses bottes. Changer de modèle ? Sortir du tout charbon ? Hors de question ! « Nous n'allons pas nous engager dans des objectifs irresponsables, déclare-t-il sur la chaîne de télévision Channel 9. Je ne vais pas rayer de la carte les emplois de milliers d'Australiens en m'éloignant des secteurs traditionnels. » Je découvre ces déclarations depuis Paris. Elles me désespèrent et me ramènent en Australie où nous étions quelques mois plus tôt pour enquêter sur l'industrie du charbon, ce cancer qui nous ronge.

Port Douglas, Queensland, Australie

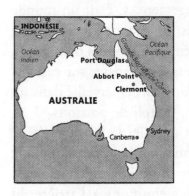

17 juillet 2019, 10 heures. La beauté de la Grande Barrière de corail laisse sans voix. Cet ensemble de récifs s'étire sur 2 300 kilomètres le long de la côte nord-est de l'Australie et recouvre 348 000 kilomètres carrés, quasiment la superficie de l'Allemagne. Depuis le bateau, à travers l'eau translucide, nous apercevons les coraux multicolores. Ils ont une importance cruciale dans le combat pour l'environnement car, bien que ne recouvrant que 0,2 % de la surface des océans,

JOURNAL DE GUERRE ÉCOLOGIQUE

ils abritent 30 % de la biodiversité marine ! Un seul hectare de la Grande Barrière héberge plus d'espèces que la totalité des côtes de France métropolitaine. Dans cet écosystème unique, classé au patrimoine mondial de l'humanité, s'épanouissent quatre cents espèces de coraux, mille cinq cents de poissons et quatre mille de mollusques. Nous avons quitté Port Douglas avec le bateau de John Rumney. Ce biologiste de soixante-dix ans est l'un des meilleurs connaisseurs de la Grande Barrière. Il a fondé l'association Great Barrier Reef Legacy pour mener des expéditions scientifiques et alerter le monde sur les dangers qui menacent ce milieu extraordinaire. « J'aime ce récif autant qu'un membre de ma famille, dit-il à la barre de son navire. Je plonge ici depuis quarante-cinq ans et j'ai vu le changement. C'était un monde vibrant, vivant. Désormais, la Grande Barrière n'est plus que l'ombre d'elle-même. » Les jours précédents, j'ai accompagné des bateaux de touristes sur certains récifs encore préservés. Je m'y suis émerveillé dans un univers aux mille couleurs, rempli de poissons.

Aujourd'hui, John veut dévoiler la face cachée de la Grande Barrière, celle que l'on ne montre pas aux visiteurs. « Je t'emmène voir la réalité : un cimetière », m'annonce-t-il. Nous nous équipons à l'arrière du bateau. La majorité des coraux vivent entre trois et cinq mètres sous la surface. Nous voici dans l'eau. La première chose qui me frappe, c'est ce gris terne. Rien à voir avec l'explosion de pigments que j'ai pu observer quelques jours avant. On distingue encore

156

la forme des coraux, mais ils sont recouverts par des algues grisâtres. J'ai l'impression de survoler une forêt calcinée que la végétation commence à peine à recouvrir. Sur le fond, John ramasse quelques branches de corail détachées du reste. Il m'adresse un signe évocateur en agitant sa main perpendiculairement à son cou. Plus rien ne vit par ici. Au-delà des coraux, on croise très peu de poissons. Nous nageons avec nos palmes sur plusieurs centaines de mètres. Tout est désert. « Ces coraux sont morts en 2016, m'explique John, une fois remonté à la surface. Ils ont blanchi et ne s'en sont pas remis. La nature a mis des centaines d'années à construire ces récifs et ils ont disparu en quelques semaines. »

Blanchissement : c'est le mot qui fait trembler les scientifiques. Ce phénomène se produit lorsque l'océan devient trop chaud. Pour le comprendre, il faut d'abord connaître le fonctionnement du corail, qui est le fruit d'une alliance entre des animaux et des algues. Les animaux, appelés polypes[1], construisent le squelette du corail. Les algues, nommées zooxanthelles, s'installent dans ce squelette. Les polypes leur offrent ainsi un refuge. En échange, elles leur apportent oxygène et nourriture. Elles donnent également leurs couleurs aux coraux. Gagnant-gagnant. Cette incroyable symbiose a permis, au fil des âges, le développement des récifs coralliens. De cet habitat dépendent de nombreuses

---

1. Les polypes sont des animaux du genre cnidaire, auquel appartiennent également les méduses.

JOURNAL DE GUERRE ÉCOLOGIQUE

espèces, dont les poissons tropicaux qui utilisent les coraux comme nurserie pour leurs juvéniles.

Mais lorsque la température de l'eau augmente trop, ce qui se produit de plus en plus fréquemment avec le changement climatique[1], les polypes stressent et expulsent leurs zooxanthelles. Les coraux deviennent alors blancs. À ce stade, ils sont encore vivants, en sursis. En revanche, si l'océan ne se refroidit pas rapidement et que les zooxanthelles ne reviennent pas, ils meurent. D'autres algues, non symbiotiques, s'installent alors sur le squelette du corail, qui n'est plus qu'une coquille vide. C'est ce dont nous venons d'être témoins avec John. « Pour les poissons, les récifs coralliens sont leurs immeubles d'habitation, avec toute leur nourriture, précise-t-il. La mort du corail, c'est comme si, dans une grande ville, tu coupais le courant. Les gens devraient déménager. »

En 2016 et 2017, la Grande Barrière est dévastée par deux épisodes successifs de blanchissement. La moitié des coraux sont touchés et 30 % meurent. Trois ans plus tard, en février et mars 2020, nouvelle catastrophe : la température de l'eau atteint son plus haut niveau jamais enregistré[2] et, pour la première fois, l'intégralité de la Grande Barrière est touchée par une vague de blanchissement. Les récifs du Sud,

_____

1. Depuis 1993, le rythme de réchauffement de l'océan a plus que doublé par rapport aux vingt-cinq années précédentes selon le rapport du GIEC sur les océans et la cryosphère de 2019.
2. Depuis le début des mesures en 1900.

habituellement épargnés, sont cette fois frappés de plein fouet. La plupart des coraux de cette région étant des espèces sensibles, qui n'avaient jamais été exposés à des températures sévères auparavant, les scientifiques sont inquiets. En seulement cinq ans, la Grande Barrière a donc subi trois épisodes massifs de blanchissement. Plus le temps passe, plus ces événements sont intenses et plus l'intervalle entre chaque épisode diminue. Un emballement qui menace la survie de cet écosystème car même les coraux les plus résistants ont besoin d'une décennie pour se remettre d'un blanchissement majeur. Les zones mortes gagnent du terrain.

11 h 30. La voix de John se serre. « C'est ce que j'ai toujours aimé, toujours voulu explorer, souffle-t-il en observant les récifs depuis le pont de son navire. C'était fantastique, foisonnant. Voir tout cela disparaître… C'est dur d'en parler. C'est comme si tu voyais ton enfant souffrir du cancer. Plusieurs d'entre nous sont tombés en dépression. Mais maintenant, on est déterminés à faire tout notre possible pour sauver ces coraux. On ne peut pas laisser mourir la Grande Barrière. » John, comme des milliers d'Australiens, a décidé de se battre contre l'industrie reine de son pays, le charbon, en partie responsable du triste destin des coraux. Et si nous avons traversé la planète à ce moment précis, c'est parce que l'Australie vit un moment crucial.

L'île continent bouillonne. Partout, des manifestations et des blocages s'organisent. Des citoyens sont déterminés à empêcher le lancement d'un projet industriel gigantesque. Dans l'État du Queensland, le groupe Adani, une multinationale indienne aux onze milliards d'euros de chiffre d'affaires, souhaite créer l'une des plus grosses mines de charbon de l'histoire, avec le soutien du gouvernement australien. Nom de code : Carmichael. Ce site minier, qui devrait voir le jour à environ trois cents kilomètres à l'intérieur des terres, sera gigantesque. Il couvrira une superficie équivalente aux villes de Lyon, Nantes, Pau, Tours, Lille, Dijon et Bordeaux réunies. Production envisagée : une tonne de charbon... par seconde ! L'ouverture de cette mine marquerait le début de l'exploitation du bassin houiller de Galilée, jusqu'à présent préservé.

Si toutes les réserves de charbon de ce lieu reculé sont brûlées, sept cents millions de tonnes de dioxyde de carbone seront rejetées dans l'atmosphère chaque année pendant plus de cinquante ans. Un cataclysme environnemental. D'autant que Carmichael devra aussi pomper dans les réserves d'eau de la région pour traiter son charbon. Deux cent cinquante litres d'eau douce seront utilisés chaque seconde. Selon Greenpeace, la mine pourrait assécher une zone humide située à proximité et abritant de nombreuses espèces. Le sort du diamant à bavette, un oiseau protégé vivant dans la zone de la future mine, inquiète particulièrement les écologistes. Une fois extrait, le minerai sera exporté vers l'Inde via le port d'Abbot Point, également propriété du groupe Adani, et tout proche de la Grande Barrière de corail. Ce terminal devra être agrandi et d'immenses navires charbonniers passeront quotidiennement au milieu des récifs coralliens, faisant courir le risque d'une hécatombe environnementale en cas d'accident. Enfin, pour relier Carmichael à Abbot Point, il faudra construire une nouvelle ligne de chemin de fer dédiée au transport de charbon et la raccorder au réseau privé des compagnies minières déjà existant. Ces rails traverseront les terres ancestrales des populations aborigènes, majoritairement opposées au projet.

Au terme d'une interminable bataille juridique et politique entre pro et anti-mine, le gouvernement australien a finalement délivré toutes les autorisations nécessaires au printemps 2019. Les dégâts environnementaux à prévoir ne pèsent pas grand-chose face aux promesses de création de postes. À l'origine, le groupe Adani promettait dix mille emplois. Il a finalement revu ses ambitions à la baisse : seuls quelque mille cinq cents emplois directs verraient le jour[1].

Lorsque je quitte John et son équipe, les travaux ont déjà commencé sur le site de Carmichael. Mais l'espoir persiste. Des activistes ont décidé de monter au front pour empêcher le projet d'aller à son terme. Ils nous proposent de les rejoindre.

---

1. Le groupe Adani estime que ces 1 500 emplois directs créeront 6 750 emplois indirects.

JOURNAL DE GUERRE ÉCOLOGIQUE

Intérieur des terres, Queensland, Australie

21 juillet 2019, 17 h 30. Nous roulons au milieu du bush depuis deux heures sur la route 77 qui relie Bowen, située sur la côte, au parc national de Nairana. Sur la terre rougeâtre poussent de petits arbres et beaucoup d'herbes sèches. Nous sommes dans le cœur charbonnier de l'Australie. Tout autour de nous, des mines à ciel ouvert ou souterraines. Il y en a quarante-huit dans l'État du Queensland. Si cette région était un pays, elle serait le sixième producteur mondial de charbon, devant la Russie.

Depuis la route, nous devinons les sites d'extraction mais impossible de les observer convenablement. Les entreprises minières ont pris soin de disposer des palissades pour travailler à l'abri des regards. Nous faisons donc décoller le drone pour filmer depuis le ciel. Le spectacle est saisissant. Sur plusieurs kilomètres carrés, le sol est creusé par d'imposantes machines. Des trous béants, comme d'immenses plaies ouvertes, jalonnent le paysage. Le charbon mis à nu noircit toute la zone. Les pelleteuses en action créent de gros nuages de poussière qui se dispersent sur des centaines de mètres. On réalise la taille et l'importance de l'industrie du charbon pour l'Australie. Toutes les voitures que nous croisons appartiennent à des entreprises minières. Les ouvriers ont tous le même uniforme : une combinaison de chantier avec bandes réfléchissantes, des chaussures renforcées et un casque. Ce monde est exclusivement masculin, aucune femme.

EN PREMIÈRE LIGNE

Seule exception, la caissière de la station-service où l'on s'arrête pour faire le plein.

Nous poursuivons notre chemin vers les coordonnées GPS que nous ont données les activistes anti-charbon. Un chemin de fer longe la route. Ici, il n'y a jamais eu de trains de voyageurs. Les rails qui transpercent la végétation ne sont destinés qu'au charbon, c'est la ligne privée des compagnies minières. Des convois dépassant parfois les deux kilomètres de long transportent le charbon du bassin d'exploitation vers le port d'Abbot Point, afin que le minerai soit exporté. Nous nous arrêtons en bord de route pour prendre quelques images. En une demi-heure, trois trains chargés de charbon passent devant nous, direction l'océan. Si le projet de Carmichael voit le jour, leur nombre augmentera. Notre destination est toute proche. Le GPS indique qu'il faut quitter la route goudronnée pour emprunter un chemin de terre. Au bout de cinq cents mètres, j'aperçois un portail fermé par une chaîne et un imposant cadenas. Sur un écriteau, un numéro de téléphone que les visiteurs doivent appeler pour signaler leur présence.

Nous sommes arrivés au camp du FLAC, le Front Line Action on Coal. En français : Action frontale contre le charbon. Ce groupe d'activistes radicaux s'est installé au milieu du bush, dans un endroit tenu secret, pour mener la guerre à l'industrie minière. Ils sont une trentaine à vivre ici en permanence, essentiellement des jeunes de vingt à quarante ans. Un homme et une femme viennent nous accueillir. Emily, vingt-six ans,

163

est australienne. Rémi, lui, est français. Je suis surpris de tomber sur un compatriote. Il est originaire de Marseille et se retrouve ici en première ligne. « À la base, je voulais parcourir l'Australie avec un sac à dos et travailler dans des fermes, m'explique-t-il. Et puis, j'ai fait des rencontres qui m'ont amené à rejoindre ce groupe. Je suis resté pour participer à cette bataille qui me semble essentielle pour l'avenir du monde. Ici, on est dans un endroit stratégique parce qu'on est situé juste à côté de la voie ferrée du charbon. »

19 heures. Le FLAC a installé son campement sur un terrain prêté par un groupe aborigène hostile au projet minier. La vie s'articule autour des repas, des travaux d'entretien et des réunions. Atmosphère sereine mais règles strictes. Les téléphones portables sont interdits lors des échanges concernant les actions à venir. Les militants craignent d'être sur écoute. L'arrivée de toute nouvelle personne est soumise au vote de l'ensemble des membres. Nous avons dû passer ce filtre et prouver nos bonnes intentions pour être invités. Depuis que les travaux ont commencé sur le site de Carmichael, situé à environ une demi-journée de route, certains militants quittent régulièrement le camp pour aller s'enchaîner aux engins de chantier ou aux arbres qui doivent être coupés.

Ces blocages ralentissent la naissance de la mégamine et se terminent par des arrestations. Les activistes, placés en garde à vue et jugés, écopent en général d'amendes salées et d'interdictions de revenir

EN PREMIÈRE LIGNE

dans la zone. Des « sacrifices » qui obligent le FLAC à renouveler régulièrement ses effectifs et qui ont des conséquences non négligeables sur la vie, les études ou la carrière des personnes arrêtées. Certains s'endettent, perdent leur emploi ou ratent leurs examens. C'est le prix à payer. Si l'organisation a autorisé notre présence cette fois-ci, c'est parce qu'une opération d'envergure est prévue pour demain matin. Ils ne veulent pas nous donner plus de détails, même s'ils nous font davantage confiance qu'aux médias locaux, jugés à la solde de l'industrie minière. Le FLAC espère qu'à travers nos caméras la lutte anti-charbon trouvera un écho au-delà des frontières australiennes.

Le camp s'active alors que la nuit commence à tomber. Des banderoles sont en préparation. Je m'installe autour du feu avec Uncle, un homme d'une soixantaine d'années à la longue barbe blanche, amputé d'un bras après un accident survenu il y a de nombreuses années, qui appartient à la communauté aborigène. « Adani et le gouvernement ne se soucient pas des conséquences de leur mine sur la vie d'énormément de gens, regrette-t-il. L'air que l'on respire, l'eau que l'on boit, la terre sur laquelle on marche, tout cela, ils s'en foutent. Pour eux, seul l'argent compte. » Emily nous rejoint. Elle parvient à cumuler ses études et ses activités militantes avec le FLAC. « Avant, j'étais partisane de modes d'action plus doux, jure-t-elle. Simples manifestations, pétitions… Mais il faut se rendre à l'évidence, cela n'a rien changé et l'industrie minière continue son expansion. Maintenant, on n'a que deux options. Soit on laisse faire en râlant dans notre coin, soit on s'oppose par tous les moyens en acceptant les risques qui vont avec. J'ai fait mon choix. Nous n'avons plus le temps de débattre pendant des années, de prêcher dans le désert auprès de gens qui, de toute façon, ne vous écouteront jamais parce que leur business en dépend. Si on n'agit pas radicalement aujourd'hui, il sera sans doute trop tard pour inverser le cours des choses, pour sauver la Grande Barrière et les autres écosystèmes menacés. »

22 juillet 2019, 5 heures. Un convoi d'une dizaine de voitures quitte le camp. Nous ne savons toujours pas où nous allons, ni ce que les militants comptent faire. Mais après une heure de route, le plan devient limpide. Les véhicules du FLAC s'arrêtent sur le bas-côté, à l'endroit précis où la route traverse la voie ferrée des compagnies minières. Nous sommes à quelques kilomètres d'Abbot Point. Les activistes veulent bloquer les rails qui permettent aux trains de rejoindre l'océan.

Tout a été minutieusement préparé. Un groupe d'une dizaine de personnes, dont Rémi et Emily, fait rouler un imposant baril, lesté de béton. Une fois positionné sur le passage, deux jeunes femmes insèrent leurs bras à l'intérieur et se menottent. « Si la police essaye de faire rouler le baril, nos bras seront déchiquetés et ils n'ont pas le droit d'agir ainsi, explique l'une d'entre elles. La seule solution pour dégager la voie sera de scier délicatement le baril et le béton. Cela peut prendre une demi-journée. » Elles savent

EN PREMIÈRE LIGNE

qu'elles seront arrêtées et condamnées pour cette action illégale.

Les autres activistes se positionnent autour d'elles et déploient des banderoles. Il est 6 h 30 du matin, le chemin de fer est bloqué, plus aucun train ne peut passer pour aller décharger son charbon. Chaque heure qui s'écoule fait perdre des dizaines de milliers d'euros à l'industrie minière. « Il n'y a que comme ça, en les frappant au porte-monnaie le plus souvent possible, qu'on pourra les inciter à abandonner la création de la méga-mine, déclare Emily. Il faut que ce projet, à travers l'opposition des citoyens, leur coûte beaucoup d'argent et leur cause une montagne de soucis. »

La police ne tarde pas à arriver. Une voiture, puis deux, puis quatre. Un officier s'approche des militants et les informe du caractère illégal de leur opération. Ils ont cinq minutes pour quitter les lieux, sinon ils seront arrêtés. Dans une telle situation, la stratégie du FLAC est bien rodée : seules les deux personnes attachées au baril resteront jusqu'au bout, paralysant les trains charbonniers le plus longtemps possible. Les autres quitteront les lieux à la dernière sommation pour limiter le nombre d'arrestations et assurer la pérennité de leur action.

Je suis à quelques mètres de Guillaume, Clément et Victor qui sont en train de filmer quand, soudainement, deux policiers se dirigent vers moi d'un pas décidé. Le plus petit des deux m'annonce d'une voix martiale : « Vous êtes en état d'arrestation, vous vous trouvez sur un terrain privé sans autorisation. »

167

JOURNAL DE GUERRE ÉCOLOGIQUE

Lui et son collègue me saisissent par les bras. Je leur indique que je suis journaliste en leur montrant ma carte de presse. Je ne participe pas à l'action, je suis ici pour faire mon métier : raconter ce qu'il se passe. « Les journalistes aussi doivent connaître les règles », me rétorquent-ils.

Les membres de mon équipe accourent. Ils sont arrêtés à leur tour. Clément, qui continue à filmer, est plaqué contre le fourgon et menotté. Nous sommes tous stupéfaits. Les activistes du FLAC qui, eux, n'ont pas été arrêtés, n'en croient pas leurs yeux. « C'est la première fois que vous interpellez une équipe de journalistes, qu'est-ce qui vous prend ? », s'emporte Emily. « Ils sont français, vous allez faire honte à notre pays avec ces méthodes ! », ajoute un autre. Nous donnons une caméra à Rémi en lui demandant de continuer à filmer.

7 heures. Les policiers nous enferment à l'arrière d'une camionnette, direction le commissariat. À l'arrivée, je suis placé avec Clément dans une cellule de garde à vue. Guillaume et Victor sont installés dans celle d'en face. Les policiers ne nous posent aucune question. J'ai parcouru de nombreux pays depuis dix ans, dans des situations parfois tendues voire dangereuses. Les menaces et les violences à l'encontre de la presse ne sont pas exceptionnelles. En revanche, c'est la première fois que la police d'un pays démocratique s'en prend à mon équipe. Je ne panique pas pour autant. Je sais qu'ils ne pourront pas nous garder

EN PREMIÈRE LIGNE

longtemps en détention pour des charges aussi légères. Avec Clément, nous pensons être en attente d'interrogatoire et convenons de rester muets pour protéger les militants du FLAC. Précaution inutile, car les policiers ne nous posent finalement aucune question. Étrange procédé.

Au bout de sept heures d'attente enfermés, les agents viennent nous chercher. « Vous pouvez partir, vous serez convoqués au tribunal ultérieurement mais il faut d'abord signer ce document », me dit l'un d'entre eux. Il me tend une feuille A4 intitulée « Engagements de caution ». Ce papier m'informe que notre remise en liberté est conditionnée au respect de plusieurs engagements :

- Interdiction d'approcher à moins de cent mètres des terrains dépendant du port d'Abbot Point.
- Interdiction d'approcher à moins de cent mètres de toute propriété de l'entreprise Adani.
- Interdiction d'approcher à moins de vingt kilomètres du site de Carmichael, où la méga-mine doit voir le jour.

Si nous enfreignons les règles, nous risquons la prison en attente du procès pour « intrusion sur voie ferrée » prévu… un mois et demi plus tard ! L'objectif de ce document est clair, il s'agit de nous empêcher de mener notre enquête sur l'industrie minière. Je comprends désormais pourquoi la police a décidé de nous arrêter, plutôt que les militants. Les autorités locales n'ont aucune envie de voir la presse étrangère s'intéresser au charbon. L'image de l'Australie,

169

qui dépend beaucoup du tourisme, pourrait en être entachée.

Rémi, Emily et les autres activistes du FLAC nous attendent à la sortie du poste de police. Ils ont fait venir l'un de leurs juristes pour nous aider. « Cette arrestation ne m'étonne pas tant que ça, affirme-t-il. Il faut bien comprendre qu'il y a des liens très étroits entre les responsables politiques, les institutions et l'industrie du charbon. Le groupe Adani ne s'en cache pas : il participe au budget du parti libéral au pouvoir. Quant au gouvernement de l'État du Queensland, il est ouvertement pro-mine. » Le Premier ministre australien lui-même est depuis longtemps un fervent supporter du secteur minier. En 2017, alors qu'il était ministre des Finances, Scott Morrison s'était adressé à la Chambre des représentants avec un morceau de charbon dans la main en appelant les parlementaires à « ne pas en avoir peur ».

La nouvelle de notre arrestation s'est vite répandue. Une équipe de ABC, la télévision nationale, m'interroge devant le commissariat. La plupart des médias font leurs gros titres sur le sujet. J'interviens en direct dans les talk-shows et à la radio. Très vite, la polémique atteint le milieu politique. George Christensen, un député du Queensland, pro-charbon, demande notre expulsion au ministère de l'Immigration. À l'inverse, les élus écologistes s'indignent et réclament l'abandon des charges à notre encontre. « Cela donne l'impression que la police a été embauchée par Adani et nous sommes en train de créer un incident diplomatique international », déclare Larissa Waters, députée verte, devant le Parlement. L'ambassade de France m'appelle et m'assure suivre le dossier. Ces soutiens font chaud au cœur mais nous faisons face à un problème de taille : impossible désormais d'approcher les installations minières pour mener l'enquête. Nous voulions nous rendre à Carmichael pour documenter la construction de la méga-mine… Il faudra rester à plus de vingt kilomètres. Nous prenons la direction de la ville la plus proche du site. Rien ne nous l'interdit.

Clermont, Queensland, Australie

24 juillet 2019, 14 h 30. Bienvenue dans la capitale du charbon. Clermont est une cité-dortoir installée au milieu du bush. Les bâtiments sont récents, les rues, sans charme. Ici, les habitants affichent clairement la couleur. Des écriteaux soutenant l'industrie minière sont fixés sur presque toutes les maisons. « Go Adani! », peut-on lire sur la vitrine d'un bar. « Nous disons oui au charbon », voit-on sur la façade d'un immeuble. À Clermont, tout le monde ou presque travaille dans les mines. Les rares hôtels sont occupés par les ouvriers venant d'ailleurs qui restent quelques semaines sur place avant de rentrer chez eux.

« Silence, on dort la journée », avertit une pancarte dans la cour intérieure d'un établissement. Certaines mines tournent vingt-quatre heures sur vingt-quatre. Les équipes de nuit se reposent pendant

JOURNAL DE GUERRE ÉCOLOGIQUE

que celles de jour prennent la relève. J'aperçois un mineur en train de se changer à l'arrière d'une voiture. Il vient de terminer son roulement. « Mon boulot est de charger le charbon dans les trains, dit-il. Je ne suis pas de la région, je fais sept heures de route pour venir bosser ici. Le charbon est une bénédiction, tout le monde gagne de l'argent grâce à lui, et le projet Carmichael va créer de nouveaux emplois. » Un peu plus loin, un autre hôtel affiche en toutes lettres sur ses fenêtres : « Hôtel pro-Adani ». Son patron vient à notre rencontre :

« Pourquoi vous filmez ? Vous êtes des écolos ?

– Nous sommes journalistes.

– Ah, ça va alors. Je hais les écolos, ils essayent de détruire le pays !

– Eux disent qu'ils essayent de le sauver...

– C'est n'importe quoi. Allez, dégagez ! »

J'interroge un autre directeur d'hôtel à propos de l'impact du charbon sur la Grande Barrière de corail. « Il n'y a aucun problème avec les récifs, ils vont très bien », tranche-t-il d'emblée. Je lui signale que les chercheurs spécialisés disent l'inverse. « Les scientifiques sont payés pour dire ça, rétorque-t-il. Je ne crois pas au changement climatique. » Cette position résume assez bien l'état d'esprit des habitants de Clermont. Ici, seuls comptent les emplois créés par l'industrie minière et les retombées économiques qui en découlent. On peut les comprendre, difficile de mordre la main qui les nourrit.

172

EN PREMIÈRE LIGNE

Pourtant, à long terme, l'industrie du charbon détruira plus d'emplois qu'elle n'en crée. Selon des données de 2018, le secteur compte 38 000 salariés sur l'île continent[1]. Sa victime, la Grande Barrière de corail, génère de son côté 64 000 emplois directs et indirects à travers le tourisme qu'elle suscite[2]. Cet écosystème, valorisé 56 milliards de dollars par le cabinet d'audit Deloitte, est une source de richesse pour le pays. Au-delà du drame écologique, si les coraux meurent, l'Australie perdra une immense manne financière. Malgré cela, le charbon reste un monstre coriace qui bénéficie du soutien d'une part importante de la population. « Vous devriez aller filmer à Abbot Point, vous verrez à quoi les écolos s'attaquent et vous comprendrez pourquoi ils ne sont pas près de gagner ! », me dit un vieil homme assis dans sa voiture. Le document que la police nous a fait signer interdit d'approcher les terrains dépendant du port à moins de cent mètres, et ces terrains entourent le terminal sur plusieurs kilomètres. En y allant par la route, nous ne verrons rien. Lancer un drone ? Pas assez de portée pour atteindre les quais. La situation est délicate, mais nous n'avons pas dit notre dernier mot.

---

1. « Labour Account Australia », Australian Bureau of Statistics, 2018.

2. « The economic, social and icon value of the Great Barrier Reef », Deloitte, 2017.

JOURNAL DE GUERRE ÉCOLOGIQUE

Airlie Beach, Queensland, Australie

26 juillet 2019, 14 heures. Impossible de filmer Abbot Point depuis la terre ferme, alors on a trouvé une autre solution. Nous avons loué un bateau pour accéder au port par la mer. Même en restant à plus de cent mètres, nous devrions avoir un beau point de vue sur les installations. Direction Airlie Beach, la cité balnéaire où se trouve l'embarcation que nous avons réservée. J'entre d'un pas décidé dans le local du loueur. Il m'accueille avec un sourire. « Bonjour ! Je suis le journaliste français qui a réservé le bateau. » Son visage se ferme instantanément. « Ah, oui… Bon, en fait… La police m'a appelé et m'a dit que vous étiez avec les manifestants contre Adani. Je ne veux pas que mon bateau soit lié à cette histoire, donc ça ne va pas être possible, désolé. » J'accuse le coup. « Ils m'ont demandé quel nom figurait sur les documents du bateau, précise-t-il. J'ai donné votre identité et ils m'ont informé que vous sortiez de garde à vue. » Il est désormais clair que nous sommes surveillés par la police.

Nous nous rendons dans d'autres agences de location, en filmant à l'aide de caméras discrètes. Un membre d'équipage d'une compagnie touristique nous prend à l'écart. « Je ne connais personne qui acceptera de te louer un bateau pour aller filmer les installations d'Adani, me glisse-t-il à voix basse. Tu ne vas pas être très bien reçu, les gens d'ici dépendent de cette industrie. Vous n'y arriverez pas, fais-moi confiance. »

174

Décourageant. Pourtant, après quelques coups de fil, nous trouvons un loueur qui accepte de nous mettre un bateau à disposition à Bowen, un autre port situé à proximité du terminal charbonnier. Tout est organisé. Nous reprenons espoir. En vain.

Quelques heures avant le début de la location, le responsable nous envoie un texto : « Les autorités portuaires m'ont téléphoné, elles ont mis en place une nouvelle zone d'exclusion autour d'Abbot Point. J'ai également reçu un appel des flics. Je leur ai dit que je ne vous louerais pas. » La police australienne semble encore plus têtue que nous. Pourquoi dépenser tant d'énergie pour une simple équipe de télévision ? Qu'y a-t-il à cacher ?

Bowen, Queensland, Australie

27 juillet 2019, 10 heures. Carte à l'appui, nous étudions la zone d'exclusion décrétée autour du terminal charbonnier. Elle est immense, douze kilomètres sur neuf, la taille de Paris. Toute navigation est interdite dans ce secteur et la police patrouille pour s'en assurer. L'État australien déploie de gros moyens pour préserver la tranquillité de l'industrie minière. Coïncidence troublante, la zone d'exclusion n'est que temporaire et expire dans deux semaines, pile au moment où nous avons pris nos billets retour vers la France… Il y a de quoi devenir paranoïaque. Toujours est-il que l'option d'approcher Abbot Point par la mer est désormais

JOURNAL DE GUERRE ÉCOLOGIQUE

écartée. Nous sommes à deux doigts d'abandonner avant d'avoir une dernière idée.

Il reste un moyen que nous n'avons pas tenté : passer par les airs. Quelques recherches sur internet nous mettent sur la piste d'un certain Allan Moss, pilote et propriétaire d'un petit avion qu'il utilise pour larguer des parachutistes. Je me présente au téléphone. Il a entendu parler de notre arrestation mais est disposé à nous aider. Nous le retrouvons sur le tarmac d'un petit aérodrome de loisir. Je lui indique les conditions que nous devons respecter : rester à plus de cent mètres des installations du port. Par chance, nous sommes tombés sur le rebelle du coin, ravi de prendre la police à son propre jeu. « Aucun problème, me dit-il, hilare. On va rester juste au-dessus, à cent un mètres, pour être parfaitement en règle. »

Décollage. Cette fois, ils ne peuvent plus nous arrêter. L'avion longe la côte. Au loin, on aperçoit la jetée d'Abbot Point. Nous survolons une zone marécageuse. Les écologistes accusent Adani de polluer cet écosystème qui abrite des espèces protégées. En février 2019, une importante quantité de charbon s'est échappée du port de l'entreprise après des pluies diluviennes. Les marécages sont devenus noirs. Le groupe Adani fut condamné à 13 000 dollars d'amende pour cette contamination du milieu naturel. Une goutte d'eau pour un tel mastodonte industriel qui raisonne en milliards.

Après quelques minutes de vol, le terminal charbonnier se dévoile sous nos yeux. Voici le monstre que l'on a tant voulu nous cacher. Je comprends vite

EN PREMIÈRE LIGNE

pourquoi. Des montagnes de charbon s'étalent à l'air libre sur plusieurs hectares, juste à côté de la Grande Barrière de corail. Cette immense tache noire gâche la carte postale australienne. Les autorités ne voulaient pas que nous tournions ces images, sans doute par peur de nuire au secteur du tourisme.

Abbot Point est démesuré, à tout point de vue. Ce port peut stocker deux millions de tonnes de charbon simultanément – l'équivalent de deux cent soixante-treize fois le poids de la tour Eiffel – et est capable d'en exporter jusqu'à cinquante millions de tonnes par an. Deux immenses tapis de plusieurs centaines de mètres transportent le minerai de la zone de stockage jusqu'au quai où sont amarrés les navires charbonniers. Ces tapis peuvent déplacer douze mille tonnes de charbon par heure, soit plus de trois tonnes par seconde. Si la méga-mine Carmichael voit le jour, Adani devra agrandir Abbot Point, qui deviendra alors le plus grand port de charbon du monde. Selon les opposants au projet, les travaux nécessiteront un dragage des fonds marins, provoquant inévitablement des dépôts de sédiments sur les coraux déjà fragilisés. Le nombre d'allées et venues de vraquiers[1] augmentera significativement et la Grande Barrière sera transpercée par une autoroute maritime.

---

1. Les vraquiers sont des navires destinés au transport de marchandises en vrac, dont le charbon. Les plus gros d'entre eux peuvent dépasser trois cents mètres de long et deux cent mille tonnes de chargement.

177

JOURNAL DE GUERRE ÉCOLOGIQUE

Heureusement, cet avenir bien sombre se heurte à la détermination des combattants que nous avons rencontrés durant notre reportage. Les scientifiques comme John, les activistes comme Emily et Rémi ainsi que des milliers de citoyens ont l'intention de se battre jusqu'au bout pour faire capoter le projet Carmichael. Certes, les travaux sont en cours et Adani prévoit une mise en route pour l'été 2021. Mais l'opposition à ce drame écologique ne cesse de grandir et pourrait bien contrarier les plans du géant charbonnier, confronté à des difficultés financières liées au faible prix actuel du charbon et aux retards provoqués par les procédures et actions des anti-mine.

Suspendu au-dessus des montagnes noires d'Abbot Point dans le petit avion de notre pilote rebelle, je m'accroche à cet espoir. Après vingt minutes de survol, nous rentrons à la base. Une bonne nouvelle nous attend à l'arrivée : face à la polémique et à la pression de l'ambassade de France, les autorités australiennes ont décidé d'abandonner les charges qui pesaient contre nous. Il n'y aura pas de procès.

8.

LA BATAILLE DÉCISIVE

Paris, France

3 février 2020, 14 h 30. J'épluche les études scientifiques et les rapports d'institutions internationales. Plus je tourne les pages, plus le tableau se noircit. Je constate l'érosion de la biodiversité à chaque déplacement sur le terrain, mais il est toujours utile de prendre du recul et de se plonger dans les chiffres. La lecture est éprouvante. On ne peut pas dire que mon moral soit au plus haut. Les hommes ont réussi à dominer l'intégralité des autres espèces. Rien ne nous a résisté. Dans notre quête d'hégémonie, nous avons façonné la nature à notre image. Les écosystèmes ont été pillés, tordus, transformés pour servir nos envies. Les forêts font obstacle à l'expansion agricole et urbaine ? Nous les rasons. Les insectes et autres animaux classés « nuisibles » causent des dégâts à nos

JOURNAL DE GUERRE ÉCOLOGIQUE

cultures ? Nous les exterminons. Les grands prédateurs s'en prennent à notre bétail ? Nous faisons parler les fusils. Le consommateur apprécie le poisson ? Nous quadrillons les océans de filets.

Cette domination brutale exercée sur les autres occupants de la planète et la destruction massive des habitats naturels nous permettent aujourd'hui de régner sans partage. Mais, d'ici à quelques décennies, notre royaume risque d'être un cimetière car nous sommes à l'aube d'une nouvelle grande extinction. Depuis sa naissance, la Terre en a déjà connu cinq. La première, l'extinction de l'Ordovicien, a eu lieu il y a 443 millions d'années et fut provoquée par une intense période glaciaire qui aurait tué 86 % des êtres vivants, essentiellement marins en ces temps-là. La deuxième, l'extinction du Dévonien, s'est produite il y a environ 359 millions d'années par suite d'un épuisement de l'oxygène dans les océans ; 75 % des espèces n'ont pas survécu. La mère de toutes les extinctions, celle du Permien, dont l'origine est encore débattue, fit disparaître 96 % des espèces il y a 251 millions d'années. Vient ensuite l'extinction du Trias, vieille d'environ 200 millions d'années, qui fut également très meurtrière : 80 % des espèces volatilisées. Enfin, la plus connue et la plus récente, l'extinction du Crétacé, il y a 65 millions d'années, peut-être provoquée par un énorme astéroïde, mit un terme au règne des dinosaures. Sans eux, les mammifères ont proliféré et *Homo sapiens* est apparu.

180

LA BATAILLE DÉCISIVE

D'abord discrets, nous avons vite écrasé nos concurrents et sommes, aujourd'hui, à l'origine de la sixième extinction qui commence. Les scientifiques la nomment « extinction de l'Holocène ». C'est la première causée par un être vivant. Encore un exploit humain ! Selon l'ONU, environ un million d'espèces sont à ce jour menacées de disparition. Toutes les vingt minutes environ, un animal ou une plante s'éteint. En juillet 2017, la prestigieuse revue *PNAS* publie une étude alarmante constatant un « anéantissement biologique[1] » au niveau mondial. Les chercheurs estiment que les disparitions d'espèces ont été multipliées par cent depuis 1900, un rythme sans équivalent depuis la grande extinction du Crétacé. Le constat est accablant : 32 % des espèces de vertébrés voient aujourd'hui leur population décliner et plus de 50 % des animaux ont disparu durant ces quarante dernières années. À titre d'exemple, la population de lions a diminué de 43 % depuis 1993. « L'ampleur réelle de l'extinction de masse qui touche la faune a été sousestimée : elle est catastrophique », notent les auteurs de l'étude. D'autres sources indiquent des tendances similaires. Dans son rapport *Planète vivante* de 2016, le WWF écrit que les populations de vertébrés ont chuté de 58 % entre 1970 et 2012. De son côté,

---

1. « Biological annihilation via the ongoing sixth mass extinction signaled by vertebrate population losses and declines », Gerardo Ceballos, Paul R. Ehrlich, Rodolfo Dirzo, *PNAS*, juillet 2017.

JOURNAL DE GUERRE ÉCOLOGIQUE

l'Union internationale pour la conservation de la nature (UICN) juge qu'un mammifère sur quatre, un amphibien sur trois, 42 % des invertébrés terrestres, 25 % des invertébrés marins et 70 % des plantes sont désormais menacés d'extinction. En Europe, les populations d'oiseaux ont perdu quatre cents cinquante millions d'individus en moins de trente ans.

Depuis 1989, mon année de naissance, la France a vu mourir un tiers des oiseaux vivant en milieu agricole et les populations d'insectes européens ont chuté d'environ 80 %[1]. Les choses vont si vite que nous pouvons les constater de nos propres yeux. Au terme d'un long trajet à travers le pays, le pare-brise de la voiture est souvent impeccable. Très peu d'insectes viennent s'y écraser. La campagne toulousaine qui m'a vu grandir, la maison familiale, les routes estivales... Tout cela sombre progressivement dans le silence. Moins de bourdonnements, moins de chants. Même la nuit, cette curieuse absence se fait sentir. En seulement dix ans, entre 2006 et 2016, les populations de chauves-souris se sont effondrées de 38 % dans notre pays[2].

Si je voulais dresser une liste exhaustive des données illustrant cette sixième extinction, je devrais y

---

1. « More than 75 percent decline over 27 years in total flying insect biomass in protected areas », Caspar A. Hallman, *PLoS One*, octobre 2017.
2. « Biodiversité : les chiffres clefs », Commissariat général au développement durable, 2018.

LA BATAILLE DÉCISIVE

consacrer un ouvrage entier épais comme trois diction-naires. Alors, certes, nous n'avons pas encore atteint les chiffres des grandes crises biologiques précédentes, qui affichent des taux de disparition supérieurs à 75 %. Mais il faut garder à l'esprit qu'elles se sont parfois étalées sur plusieurs millions d'années. Or, selon une étude publiée dans la revue *Nature*[1], l'extinction de l'Holocène pourrait prendre une ampleur comparable à celles de ses aînées. Les scientifiques estiment que, si toutes les espèces aujourd'hui menacées s'éteignent dans le siècle à venir et si le taux de disparition actuel demeure constant, plus de 75 % des vertébrés pour-raient avoir disparu d'ici 240 à 540 ans. Une goutte d'eau à l'échelle de la planète. À titre de comparaison, l'extinction du Permien s'est étalée sur au moins deux cent mille ans selon une estimation basse !

17 heures. Les études arrivent toutes à la même conclusion. Nous faisons le vide autour de nous. Un chiffre m'a marqué : les humains et leurs ani-maux (de compagnie ou d'élevage) représentent désormais 96 % de la masse de tous les mammifères présents sur Terre[2] ! Et notre emprise sur la planète ne cesse de grandir. En 2050, d'après les prévisions du WWF, 90 % des terres seront impactées par

---

1. « Has the Earth's sixth mass extinction already arrived? », Barnosky AD, *Nature*, mars 2011.

2. « The biomass distribution on Earth », Yinon M. Bar-On, Rob Phillips, Ron Milo, *PNAS*, juin 2018.

183

JOURNAL DE GUERRE ÉCOLOGIQUE

les activités humaines. L'ONU estime de son côté que 75 % de l'environnement terrestre et 66 % de l'environnement marin ont été « gravement altérés » par l'humanité. En France, seuls 22 % des écosystèmes dits « d'intérêts communautaires[1] » sont dans un état « favorable », tandis que 38 % sont dans un état « inadéquat » et 35 % dans un « mauvais » état, c'est-à-dire en sérieux danger de disparition[2]. Dans notre pays, une surface naturelle équivalente au département de la Drôme disparaît tous les dix ans sous le béton. « L'artificialisation des sols constitue une forte pression sur la biodiversité en détruisant les milieux naturels et les espèces qui y vivent, écrit le Commissariat général au développement durable dans un rapport de 2018[3]. En fragmentant le territoire, elle favorise le morcellement et le cloisonnement des milieux, affectant ainsi de nombreuses espèces. La pollution lumineuse accentue cette fragmentation et constitue une pression majeure pour la biodiversité nocturne. Les espaces artificialisés couvrent 5,16 millions d'hectares en 2015, soit 9,4 % du territoire métropolitain ou l'équivalent de huit cents mètres carrés par habitant. »

---

1. Un habitat d'intérêt communautaire constitue un écosystème remarquable, représentatif de la diversité écologique européenne, ayant une aire de répartition réduite.

2. « Biodiversité : les chiffres clefs », Commissariat général au développement durable, 2018, rapport cité.

3. *Ibid.*

LA BATAILLE DÉCISIVE

Notre attitude est suicidaire. La survie des humains dépend du bon fonctionnement de l'environnement dans lequel ils sont apparus et ont évolué. Sans biodiversité, sans écosystèmes sains, pas d'avenir envisageable. Il est possible, voire probable, que la sixième extinction à l'origine de laquelle nous sommes finisse par nous emporter avec elle. À cet égard, la pandémie de coronavirus – liée à notre rapport destructeur au monde sauvage – sonne comme un avertissement.

Nous pouvons pourtant emprunter un autre chemin ! En mai 2019, l'ONU publie un rapport limpide sur les activités anthropiques à l'origine de l'effondrement de la biodiversité[1]. « La nature décline globalement à un rythme sans précédent dans l'histoire humaine – et le taux d'extinction des espèces s'accélère », notent les scientifiques, qui identifient les principaux coupables. Le premier d'entre eux est, de loin, l'utilisation massive des terres par l'humain, à travers l'agriculture et la déforestation. Rappelons que 70 % de la surface agricole mondiale est monopolisée par l'élevage et que ce secteur est le premier facteur de déforestation en Amazonie. En deuxième position : l'exploitation directe des ressources, via la chasse et la pêche. Viennent ensuite le changement climatique et ses conséquences. Ce rapport des Nations unies conforte les résultats d'une étude parue dans *Nature* trois ans plus tôt, en août 2016. Intitulée « Biodiversité : les ravages des fusils, filets et

---

1. Rapport IPBES 2019.

JOURNAL DE GUERRE ÉCOLOGIQUE

bulldozers[1] », elle passe au microscope les activités qui fragilisent 8 688 espèces en péril figurant sur la liste rouge de l'Union internationale pour la conservation de la nature (IUCN). Conclusion : 72 % d'entre elles sont menacées par la surexploitation des ressources (déforestation, chasse, pêche), 62 % par l'agriculture et l'élevage, 35 % par le développement urbain, 26 % par les maladies et les espèces invasives, 22 % par les pollutions diverses, 21 % par la modification de l'environnement (incendies volontaires, barrages, etc.), et « seulement » 19 % par le changement climatique (tempêtes, sécheresses, températures extrêmes, etc.).

Ces travaux scientifiques nous montrent que l'effondrement de la biodiversité n'est pas un problème insoluble. Nous en connaissons les causes et nous avons l'opportunité d'agir, à condition de le vouloir et de commencer maintenant. Il est possible de limiter la déforestation et de libérer des terres en mettant un terme à l'élevage intensif et en encadrant les industries minières et forestières. Il est possible de multiplier le nombre de réserves sauvages et d'espaces protégés pour limiter l'impact de la chasse, de l'urbanisation et du tourisme de masse. Il est possible d'interdire ou de limiter fortement l'usage des pesticides qui figurent parmi les principaux responsables de la disparition des insectes et des oiseaux, et dont l'usage a encore

---

1. « Biodiversity: the ravages of guns, nets, and bulldozers », Sean L. Maxwell, Richard A. Fuller, Thomas M. Brooks, James E. M. Watson, *Nature*, 10 août 2016.

LA BATAILLE DÉCISIVE

augmenté en France[1]. Il est possible de repenser notre rapport à la nature, de cesser de l'exploiter de manière déraisonnée et court-termiste, sans pour autant abandonner certaines exigences de confort et de progrès. Il est possible de donner un second souffle aux espèces marines en diminuant drastiquement la pêche ou en la réservant aux quelques populations qui en dépendent pour survivre (ce n'est pas le cas en Europe) et en débarrassant les océans des filets qui les détruisent.

J'ai enquêté en profondeur sur un animal qui a survécu à toutes les grandes extinctions mais qui risque de ne pas résister à la sixième. Il est apparu il y a quatre cent vingt millions d'années, à une époque où il n'y avait ni arbre ni dinosaure sur la planète, et n'a pratiquement pas changé depuis : le requin. Ce redoutable prédateur, présent dans tous les océans du monde, est au sommet de la chaîne alimentaire et joue un rôle indispensable dans le fonctionnement des écosystèmes marins. En tuant les poissons faibles, malades ou blessés, il permet de maintenir les espèces saines et de réguler les populations. Malheureusement, ses jours sont comptés.

---

1. Selon le Commissariat général au développement durable, la vente de produits phytosanitaires a augmenté de 12 % en France en 2014-2016 par rapport à la période de référence 2009-2011.

187

JOURNAL DE GUERRE ÉCOLOGIQUE

Vigo, province de Pontevedra, Espagne

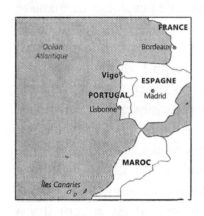

12 mars 2020, 5 heures du matin. Le jour ne s'est pas encore levé. Nous sommes venus tôt pour être sûrs de ne pas rater l'arrivée des premiers bateaux. La pandémie de coronavirus commence à paralyser la planète, mais le port de Vigo fonctionne encore à plein régime. Cette ville espagnole, située au nord de la frontière portugaise, est posée au bord de l'océan Atlantique. Ce matin, nous allons constater de nos propres yeux le massacre à grande échelle dont sont victimes les requins. Avec l'Inde et l'Indonésie, l'Espagne est le pays qui en tue le plus. Vigo est une place forte de cette pêche aux squales. Environ trois cents bateaux viennent décharger leurs cargaisons ici. Les requins souffrent d'une mauvaise réputation, en partie liée au rôle de mangeurs d'hommes que leur ont attribué le cinéma et certains récits historiques. Pourtant, ce prédateur tue moins de dix personnes en moyenne chaque année tandis que les êtres humains pêchent annuellement entre soixante-trois et deux cent soixante-treize millions de requins[1].

---

1. « Global catches, exploitation rates, and rebuilding options for sharks », Boris Worm, Brendal Davis, Lisa Kettemer,

LA BATAILLE DÉCISIVE

Une hécatombe qui, si elle continue à ce rythme, risque de faire disparaître cet animal.

Il est difficile d'évaluer avec précision l'état des populations de requins. Ils vivent dans tous les océans du monde, à toutes les profondeurs, mais leur nombre aurait diminué de 90 % depuis 1950. Cet effondrement concerne la plupart des espèces de gros poissons (thons, mérous, requins, etc.), dont les effectifs ont chuté de deux tiers entre 1880 et 2007 selon une étude de l'Institut de recherche pour le développement publiée en 2014. L'UICN indique que 32 % des requins pélagiques[1] sont en danger d'extinction. Contrairement à la plupart des poissons, les requins ont un cycle de croissance lent et n'atteignent que tardivement la maturité sexuelle. Le requin blanc, par exemple, ne peut pas se reproduire avant vingt ans. Ils sont donc sensibles à la surpêche et ne parviennent pas à compenser les prélèvements massifs. Soyons clairs, car les scientifiques le sont : ces animaux ne peuvent pas résister aux niveaux de pêche actuels. Vigo en est la sinistre illustration.

6 heures. Nous arrivons sur l'un des quais de déchargement. Un navire vient d'accoster après

---

Christine A. Ward-Paige, Demian Chapman, Michael R. Heithaus, Steven T. Kessel, Samuel H. Gruber, Marine Policy, Cardiff, juillet 2013.

1. L'adjectif « pélagique » s'applique aux espèces qui vivent en pleine mer, et pas uniquement en zone côtière.

JOURNAL DE GUERRE ÉCOLOGIQUE

trois semaines de pêche au large des Açores, archipel portugais situé dans l'océan Atlantique. Les marins commencent à sortir les poissons des cales. D'abord, quelques énormes espadons. Puis, des centaines de requins, de toute les tailles. Je ne comprends pas comment un navire d'une vingtaine de mètres peut contenir autant d'animaux. Les squales sont jetés sur le quai, pesés, puis entassés sur des palettes en bois dans l'attente d'un acheteur. Il ne s'agit quasiment que de requins peau-bleue. Cette espèce, classée « quasi menacée » par l'UICN, est la plus pêchée à Vigo. En deuxième position se trouve le requin mako, le plus rapide du monde, qui est, lui, déjà menacé de disparition. Malgré cette fragilité, leur capture reste parfaitement légale.

Le déchargement dure environ deux heures. Je marche au milieu des cadavres et en compte environ mille cinq cents, entassés par groupes de soixante. C'est la récolte d'un seul bateau, en une seule sortie ! Les requins sont ensuite achetés en gros par des entreprises, puis découpés dans des salles dédiées au cœur des installations portuaires. La viande de requin est vendue à bon marché aux restaurants sous forme de ceviche, en poissonneries, supermarchés ou utilisée dans des produits transformés industriels. On peut également trouver de la chair de requin en France, y compris dans les grandes surfaces, souvent présentée aux clients sous un autre nom, comme celui de « veau de mer ».

Au-delà de la viande, le squalène, molécule présente dans l'huile de foie de requin, est utilisé pour la fabrication de produits cosmétiques tels que les crèmes hydratantes, les rouges à lèvres ou les poudres de maquillage. Mais ce qui rend la pêche au requin rentable, c'est surtout le commerce des ailerons. Très prisés en Asie, ils sont souvent consommés sous forme de soupe. Il s'agit d'un plat de luxe aux supposées vertus pharmaceutiques, proposé dans les mariages et autres célébrations. Le prix d'un kilo d'ailerons pouvant atteindre plusieurs centaines d'euros, en fonction de l'espèce, ce produit rapporte gros à l'industrie de la pêche et explique l'intensité du massacre. Il y a encore quelques années, pour gagner de la place sur les bateaux, les pêcheurs découpaient les ailerons directement après la capture et rejetaient le reste du squale à la mer. Certains animaux, encore vivants mais incapables de nager, agonisaient alors pendant des heures dans l'océan. Cette pratique, appelée *shark finning*, est aujourd'hui interdite dans la plupart des pays du monde. Les équipages sont désormais obligés de ramener le requin en entier jusqu'au port, la découpe des ailerons ayant lieu juste après le déchargement. À la chaîne, des ouvriers les séparent du corps et les placent dans des bacs spécifiques, qui partiront quasiment tous vers la Chine.

À Vigo, l'effondrement des requins n'est pas qu'une succession de chiffres. Ces montagnes de squales arrachés à leur milieu me donnent le tournis.

Ils ont tous été pêchés à la palangre, une immense ligne pouvant atteindre cent kilomètres de longueur et équipée de centaines d'imposants hameçons. Quelques mois plus tôt, à l'autre bout de la planète, j'avais enquêté sur les ravages de cette méthode de capture.

Quepos, Costa Rica

12 février 2020, 6 heures. Nous quittons le port au petit matin. Juan, le capitaine, a accepté de nous emmener en mer, flatté qu'une télévision étrangère s'intéresse à son travail. Nous l'avons rencontré grâce au syndicat des pêcheurs locaux, contacté en amont de notre visite. À ses côtés, deux membres d'équipage. Normalement, ils partent plusieurs jours, voire plusieurs semaines, pour rentabiliser le carburant. Mais comme nous sommes présents, la sortie sera exceptionnellement courte et nous rentrerons ce soir. Le bateau est de taille modeste, une dizaine de mètres, pas plus. C'est un palangrier classique, qui ressemble aux centaines d'autres opérant dans les eaux du Costa Rica. Plus petit que ceux de Vigo, il dispose tout de même d'une ligne de soixante-dix kilomètres, avec

LA BATAILLE DÉCISIVE

un hameçon tous les trente mètres. Je remarque des inscriptions chinoises sur les bouées utilisées pour que la palangre ne coule pas. « Ce sont les Taïwanais qui nous ont appris cette méthode de pêche et qui nous ont fourni l'équipement, m'explique Juan. Ce sont eux qui nous ont dit qu'il y avait de l'argent à se faire avec les ailerons de requin. » Le capitaine ne vise pas que les squales, mais tout type de gros poissons, comme les daurades ou les thons. De toute façon, avec une palangre, on ne choisit pas ce que l'on pêche. Sur soixante-dix kilomètres, tous les animaux marins dépassant une certaine taille sont susceptibles de mordre et de se faire piéger. Nous allons en être témoins.

Peu après le lever du jour, les employés de Juan mettent la ligne à l'eau, accrochant des poissons entiers aux hameçons. Puis, après trois heures d'attente, vient le moment de la remontée. Première prise : un requin-renard. Amoché et épuisé, il lutte pour se libérer depuis un moment. Viennent ensuite trois raies et quatre espadons, dont la plupart sont déjà morts. Juan ne dispose pas du permis pour pêcher ces espèces et doit donc les relâcher. Ceux qui sont encore vivants ne survivront pas longtemps ; ils sont blessés et les pêcheurs coupent la ligne en leur laissant l'hameçon dans la gueule. Peu après, une tortue marine subit le même sort. Elle aussi a mordu à la palangre. Elle aussi est à bout de forces. Elle aussi est relâchée avec un énorme bout de métal qui lui transperce la joue.

JOURNAL DE GUERRE ÉCOLOGIQUE

Après deux heures, l'équipage remonte enfin quelque chose qui peut se vendre : deux énormes daurades. Juan râle. Peu de succès aujourd'hui. La sortie n'est pas rentable. Je fais les comptes : pour deux poissons qui seront commercialisés et consommés, neuf animaux marins, dont un requin et une tortue, ont été soit tués soit gravement blessés. Le taux de capture non désirée est d'environ 80 % pour cette journée de pêche. Imaginez le carnage à l'échelle de milliers d'autres palangriers parcourant les océans.

17 heures. Nous sommes sur le chemin du retour. J'en profite pour demander à Juan ce qu'il pense de la pêche au requin. « Personne ne les pêche de gaieté de cœur ici, assure-t-il. On sait qu'ils sont en train de disparaître et leur viande ne vaut pas grand-chose. Mais quand il n'y a rien d'autre, on est quand même content de ne pas rentrer les mains vides. Et puis, les ailerons rapportent encore un peu, même si c'est moins rentable qu'avant. » Ce discours est représentatif de ce que pensent les pêcheurs costaricains. Ils préfèrent capturer des thons ou des daurades, qui se vendent bien plus cher, tout en ne faisant pas une croix sur les squales. Certes, le cours de l'aileron a baissé, mais c'est toujours mieux que rien. Ici comme ailleurs, les requins souffrent de leur protection quasi inexistante. Sur les cinq cent trente espèces recensées dans le monde, seules douze sont inscrites à l'annexe 2 de la Convention sur le commerce international des espèces de faune et de flore sauvages menacées d'extinction (CITES). Ce document encadre strictement l'exportation des espèces dont la pérennité est menacée par la pêche. Parmi elles, le requin-marteau halicorne, en danger critique d'extinction. Auparavant très présent au Costa Rica, sa population fond comme neige au soleil à cause des palangres. Ses ailerons, denses en cartilage, sont particulièrement recherchés et ont été massivement envoyés vers l'Asie pendant des années. Officiellement, les accords internationaux de la CITES prohibent désormais leur exportation. En revanche, malgré le risque de disparition imminente qui pèse sur l'espèce, la capture du *tiburon martillo*, comme on l'appelle ici, reste légale s'il est destiné au consommateur costaricain ou aux touristes. « Tous les pêcheurs en attrapent, me confirme Juan. Si vous mangez un ceviche dans un restaurant en ville, vous avez de grandes chances qu'il soit fait à base de requin-marteau. » Victor fait la grimace. La veille de notre tournage, à l'hôtel, il en avait commandé.

Puntarenas, Costa Rica

14 février 2020, 10 heures. Le bâtiment ressemble à une prison de haute sécurité. Les murs de six mètres sont surplombés de barbelés et des caméras surveillent le moindre mouvement extérieur. Le quartier général d'Inversiones Cruz est tout sauf accueillant. Cette entreprise spécialisée dans

JOURNAL DE GUERRE ÉCOLOGIQUE

l'exportation d'ailerons de requin vers la Chine est l'une des plus riches de Puntarenas. La petite ville, située sur la côte ouest du Costa Rica, est un haut lieu de ce commerce morbide. Une forte odeur de poisson pourri se dégage des locaux installés directement sur les quais où accostent les navires de pêche. Les ailerons sont stockés ici en attendant de pouvoir s'envoler pour l'Asie. Nous retrouvons Randall Arauz à proximité. Ce militant écologiste de cinquante-huit ans se bat depuis des années pour sauver les squales et s'est taillé une solide réputation à Puntarenas. « Inversiones Cruz est l'un des principaux responsables du massacre des requins-marteaux, me dit-il d'emblée. La pire période, c'était les années 1990 et 2000, quand les bateaux taïwanais venaient pêcher et décharger ici par dizaines. Depuis, on s'est battu pour faire interdire la découpe des ailerons en mer. Les navires doivent désormais revenir avec le corps du requin en entier, ce qui limite le nombre de captures. Cette nouvelle contrainte couplée à la baisse drastique du nombre de squales dans nos eaux a rendu le business moins rentable. Les Taïwanais sont partis, abandonnant leurs bateaux ici. Mais les pêcheurs locaux, eux, sortent toujours et finissent d'achever les requins-marteaux, même s'ils ne les visent pas spécifiquement. Légalement, leurs ailerons ne peuvent plus être exportés. Sauf que les entreprises comme Inversiones Cruz se débrouillent pour cacher des ailerons de requins-marteaux dans des cargaisons d'ailerons d'autres espèces. » L'entreprise s'est fait

196

LA BATAILLE DÉCISIVE

prendre une fois la main dans le sac. Mais combien d'autres cargaisons sont passées entre les mailles du filet ? Peu de douaniers sont formés pour différencier les ailerons des différents types de squales.

Nous marchons le long des quais avec Randall. Plusieurs petits bateaux de pêche viennent de rentrer. Ils ont tous capturé des requins-marteaux halicornes, majoritairement des très jeunes. « Normalement, c'est illégal d'en capturer de si petits, déplore Randall. Mais il n'y a aucun contrôle. Si on ne voit que des juvéniles, c'est tout simplement qu'ils n'ont plus le temps de grandir. Ils sont tués avant. Et puis, les pêcheurs posent leurs lignes dans les zones de reproduction, ce qui augmente encore les dégâts. On peut les comprendre, il faut bien qu'ils vendent quelque chose pour survivre. Leur salaire est souvent misérable. Mais le seul moyen de sauver cette espèce, c'est de la protéger au même titre que les tortues marines, et d'en interdire purement et simplement la capture. »

11 heures. Nous nous approchons des entrepôts privés situés en bord de quais. « Le plus gros des cargaisons arrive dans ce genre d'endroits, à l'abri des regards, précise Randall. Ces zones sont contrôlées par des gens liés à la mafia locale et taïwanaise. Je ne suis pas le bienvenu. » Nous quittons Randall et tentons d'entrer dans l'un de ces bâtiments en tôle. Très vite, un homme vient à notre rencontre. Il veut connaître la raison de notre présence. J'explique que nous faisons une enquête sur le trafic d'ailerons. « Vous devriez partir, vous n'êtes pas en sécurité ici, encore moins si vous parlez de ce sujet », me dit-il comme un avertissement. Guillaume et Victor retentent leur chance un peu plus tard dans un autre hangar, équipés de caméras cachées, en se faisant passer pour des acheteurs étrangers. Méfiant, un négociant leur propose tout de même deux kilos d'ailerons pour quatre-vingts euros. En Chine, le produit est évidemment revendu beaucoup plus cher au consommateur final, un seul bol de soupe d'ailerons pouvant dépasser les cent euros. La pêche et le commerce du requin-marteau se poursuivent au Costa Rica malgré l'interdiction d'exportation. Pour plaire aux touristes, le pays cultive depuis des années l'image d'un pays écolo, respectueux de son environnement exceptionnel. Cependant, sur le dossier requin, le laisser-faire semble la règle. Pour en avoir le cœur net, nous demandons aux gardes-côtes de les accompagner en patrouille. Ce sont eux qui sont chargés de faire respecter les règles.

14 heures. Tout le gratin de l'institution embarque avec nous sur le bateau, dont un colonel, responsable des opérations. Ils veulent nous montrer que l'État agit pour protéger les requins. À environ deux kilomètres des côtes, le navire arraisonne une petite embarcation de pêcheurs qui flotte par on ne sait quel miracle. Deux hommes sont à bord, ils rentrent au port. Les gardes-côtes inspectent le contenu des cales. Au milieu de poissons en tout genre, deux minuscules

LA BATAILLE DÉCISIVE

requins-marteaux. Des nouveau-nés. « Vous n'avez pas le droit de capturer des requins aussi petits, leur lance le colonel. C'est une espèce menacée et vous tuez des bébés ! »

Les pêcheurs sont escortés jusqu'au port et devront payer une amende. Ils sont stupéfaits. C'est la première fois que les autorités les contrôlent et ils ne connaissaient même pas la réglementation. J'ai le sentiment que cette opération est montée de toutes pièces pour faire bonne figure devant les caméras. Nous demandons au colonel d'aller contrôler les gros quais privés, là où des milliers de requins sont déchargés par des navires bien plus imposants que l'estafette des pêcheurs sanctionnés. Une gêne s'installe. Le colonel jette un regard inquiet à son conseiller en communication puis lâche : « Ce n'est pas possible. » Pour quelle raison ? « Nous n'avons pas le droit de contrôler les quais privés à l'improviste, dit-il. Il faut prévenir au préalable les propriétaires et obtenir leur accord. » Je laisse échapper un rire de surprise. Mes doutes se confirment : cette patrouille est une mascarade. Même les gardes-côtes ne peuvent pas vérifier ce qu'il se passe sur ces quais de déchargement ! Les requins sont débarqués sans aucun contrôle. Sont-ils bien ramenés entiers, avec les ailerons attachés au corps, comme l'exige la loi ? Les tailles minimums de capture sont-elles respectées ? En l'absence de surveillance, c'est peu probable. Personne ne sait précisément combien de squales s'évaporent à travers les circuits mafieux.

199

JOURNAL DE GUERRE ÉCOLOGIQUE

Le requin-marteau a beau être protégé par les conventions internationales, il continue à être pêché et, dans une moindre mesure, exporté. Le 7 mai 2020, en pleine pandémie de coronavirus, les douanes hongkongaises effectuent une saisie record de vingt-six tonnes d'ailerons de contrebande, ce qui représente près de quarante mille requins tués. La cargaison provient d'un pays voisin, l'Équateur, où la situation ressemble grandement à celle du Costa Rica. Tant que la demande d'ailerons restera forte, l'avenir des requins s'assombrira. Or, selon une enquête menée en 2018 par le WWF, 70 % des Hongkongais avaient consommé des ailerons au cours de l'année précédente.

L'espoir est mince, mais il faut s'y accrocher. Randall et les autres activistes mettent toutes leurs forces dans la bataille pour que les requins bénéficient enfin de la protection qu'ils méritent. Les sauver n'est pas une option. Leur disparition bouleverserait les écosystèmes marins, provoquerait des réactions en chaîne aux conséquences encore floues et il est illusoire de penser que nous en sortirions indemnes. Il en va de même pour les innombrables autres espèces que nos activités mènent à l'extinction. La biodiversité est une immense chaîne dont nous ne sommes qu'un maillon. Sans les autres, nous tomberons.

Garder espoir

L'espoir est un feu de camp. Quand on est nombreux à souffler sur les braises, qu'on se relaie pour chercher du bois sec dans la forêt, qu'on le surveille même au cœur de la nuit, il conserve sa vigueur. Mais lorsque le ciel s'assombrit, que la pluie tombe et que les coéquipiers perdent leur énergie, quelques minutes suffisent pour qu'il s'éteigne. En reportage sur le terrain aux côtés des combattants de l'environnement, dans l'enthousiasme de l'action, je suis toujours optimiste. Puis, de retour à Paris, quand j'assiste impuissant à l'accélération du changement climatique et au mauvais traitement que nous infligeons aux animaux, je vois l'horizon s'obscurcir.

On me demande souvent si je crois qu'il est encore possible de faire quelque chose pour notre planète. Oui, j'en suis convaincu. Même s'il m'arrive de douter, je reste confiant pour notre société, poussée par les jeunes générations vers un monde plus respectueux du vivant. Des femmes et des hommes s'engagent partout sur la planète. Des initiatives fleurissent à chaque

JOURNAL DE GUERRE ÉCOLOGIQUE

coin de rue pour imaginer le monde de demain. Dans l'agriculture, l'alimentation, les transports ou l'énergie, de nouveaux modèles de production et de consommation voient le jour. Ce qui était encore considéré comme normal hier ne l'est plus aujourd'hui. Détruire la forêt, les océans ou la faune pour des raisons économiques et financières suscite désormais indignation et, souvent, opposition. Des traditions sanglantes comme la corrida, la chasse au trophée ou la pêche à la baleine sont remises en cause après des siècles d'acceptation.

Les choses changent, c'est vrai. Mais le mouvement est-il assez rapide ? Avons-nous pris la mesure de l'urgence ? Je suis sceptique. Les mesures radicales nécessaires à notre salut tardent à être décidées. En septembre 2018, António Guterres, le secrétaire général de l'ONU, avertissait : « Le changement climatique va plus vite que nous. Si nous ne changeons pas d'orientation d'ici à 2020, nous risquons des conséquences désastreuses pour les humains et les systèmes naturels qui nous soutiennent. » Aujourd'hui, force est de constater notre échec. La plupart des pays membres de l'ONU, dont la France, n'ont pas pris en compte l'alerte rouge de l'institution et s'entêtent dans un modèle mortifère. Notre pays n'a jamais réussi à atteindre les objectifs annuels de baisse des émissions de gaz à effet de serre qu'il s'était lui-même fixés dans le cadre de l'accord de Paris en 2015. Ces objectifs ont d'ailleurs été revus à la baisse en janvier 2020 par le gouvernement. C'est à n'y rien comprendre. Comment ne pas se sentir impuissant face à cette situation ?

GARDER ESPOIR

Comment garder espoir lorsque l'on entend Donald Trump, le président de la première puissance mondiale, afficher sans complexe son climatoscepticisme ?

Par moments, je n'échappe pas à l'envie de baisser les bras, de me dire que le combat est perdu. Puis, je repense à Gilles et à Lorane, qui soignent et protègent les lynx du Jura. À ces militants de Sea Shepherd qui, au Mexique, sauvent les vaquitas de l'extinction. À John, Emily, Rémi et les milliers d'Australiens qui font vaciller l'industrie du charbon. À ces citoyens français qui rachètent des forêts pour les préserver. À Heïdi et les autres jeunes scientifiques prenant la parole depuis les glaciers du pôle Nord pour provoquer un électrochoc. À Randall qui, à force de détermination, parvient à faire modifier la loi costaricaine pour mieux protéger les requins. À ces millions de femmes et d'hommes s'engageant dans le monde, parfois au péril de leurs vies, et qui remportent des victoires. Non, il n'est pas trop tard. Allons renforcer leurs rangs. Unissons-nous pour peser et faire basculer la balance du bon côté. Nous pouvons remporter cette nouvelle guerre mondiale. Mais comment agir, au-delà des bonnes intentions ?

- Réduisons notre consommation de viande, de poisson et de produits animaux. Certains peuvent s'en passer complètement, d'autres non, mais il est possible pour chacun de faire un effort.
- Pour se nourrir, achetons local, de saison et, si possible, biologique. Pas de fraises en hiver. Les produits qui ont traversé la planète, comme

JOURNAL DE GUERRE ÉCOLOGIQUE

les avocats ou les mangues, ne sont pas censés faire partie de notre alimentation quotidienne. Évacuons de nos paniers les légumes arrosés de pesticides.

- Réduisons drastiquement notre utilisation du plastique : n'achetons pas de produits inutilement suremballés, éliminons les objets à usage unique et misons sur le vrac.
- Privilégions les moyens de transport non polluants et les mobilités douces comme le vélo pour réduire l'empreinte carbone de nos déplacements.
- Réparons nos appareils électroniques, nos ordinateurs et nos téléphones lorsqu'ils sont endommagés plutôt que d'en racheter des neufs.
- Acceptons d'acheter moins de vêtements et de les payer un peu plus cher pour aider les fabricants proches de chez nous.
- Fuyons les activités qui exploitent les animaux. Lors d'un séjour touristique, une balade à dos d'éléphant, un spectacle de dauphins ou un selfie avec un tigre ne sont pas indispensables.
- Étudions la liste des ingrédients des produits que nous mettons dans notre Caddie. Évitons par exemple les aliments surtransformés et ceux qui contiennent de l'huile de palme.
- Exigeons de nos élus des mesures ambitieuses en matière d'écologie.
- Engageons-nous dans les associations qui se battent en faveur de l'environnement et des animaux par des dons ou en leur consacrant

une partie de notre temps. Face aux puissances industrielles et politiques, les défenseurs de la nature ont besoin d'armes pour se battre. Il faut du budget pour communiquer, acheter du matériel, rémunérer ceux qui consacrent leur vie à la cause, affronter les lobbies en tout genre. Même en ne donnant que quelques euros, vous renforcerez l'effort collectif. Au sein des organisations de protection de l'environnement, vous trouverez des amis, des équipes soudées, de l'aventure et la satisfaction de prendre part au grand combat de notre époque.

Je suis loin d'être exhaustif. Il ne s'agit là que de quelques pistes. Il est par ailleurs difficile de toutes les appliquer en même temps. Moi-même, je ne suis pas irréprochable et il m'arrive de déroger aux règles que je m'impose. Nous avons toutes et tous un impact sur l'environnement. Il ne faut pas en avoir honte, mais il faut tenter de le réduire autant que possible. Encourageons-nous les uns les autres, soutenons les efforts de chacun, appuyons chaque initiative. Prenons le temps d'échanger avec notre famille, nos amis, nos collègues pour les informer et les convaincre de modifier leur mode de consommation. Certes, la victoire n'est pas certaine, mais l'engagement collectif peut nous y mener. Et quand je regarde mes filles me sourire, je suis sûr d'une chose : cette bataille vaut la peine d'être menée.

Remerciements

Je tiens à remercier mon éditeur, Damien Bergeret, pour ses précieux conseils et son accompagnement de chaque instant.

Merci à ma fidèle équipe avec qui j'ai partagé ces aventures : Amélie, Axel, Clément, Fred, Guillaume, Jérôme, Marie, Marion, Pierre, Régis, Robin, Victor.

Merci également du fond du cœur à toutes les combattantes et à tous les combattants de l'environnement qui nous ont accueillis sur le terrain. Leur lutte pour le bien de la planète et de ses habitants est, à mes yeux, la plus belle qui soit.

TABLE DES MATIÈRES

Une nouvelle guerre mondiale 9

1. La bombe est lâchée 15
2. L'offensive de la mafia 35
3. Le front Nord va céder 57
4. Mer de sang 91
5. Brèche dans la muraille verte 109
6. La résistance s'organise 129
7. En première ligne 153
8. La bataille décisive 179

Garder espoir 201
Remerciements 207

DU MÊME AUTEUR

Comment j'ai arrêté de manger les animaux, Seuil, 2019.

Cet ouvrage a été imprimé en France par
CPI Brodard & Taupin
Avenue Rhin et Danube
72200 La Flèche (France)

pour le compte des Éditions Fayard
en septembre 2020

Photocomposition Nord Compo à Villeneuve-d'Ascq

Fayard s'engage pour
l'environnement en réduisant
l'empreinte carbone de ses livres.
Celle de cet exemplaire est de :
0,400 g éq. CO_2
Rendez-vous sur
www.fayard-durable.fr

Dépôt légal : septembre 2020
N° d'édition : 46-5846-4/01 - N° d'impression : 3040186